토익 라이팅
TOEIC WRITING
단기완성

정은순(Esther Chung) 지음

길벗
이지:톡

시나공 토익

토익라이팅 단기완성

초판 1쇄 발행 · 2021년 8월 13일
초판 2쇄 발행 · 2024년 6월 10일

지은이 · 정은순
발행인 · 이종원
발행처 · ㈜도서출판 길벗
브랜드 · 길벗이지톡
출판사 등록일 · 1990년 12월 24일
주소 · 서울시 마포구 월드컵로 10길 56(서교동)
대표전화 · 02) 332-0931 | **팩스** · 02) 322-6766
홈페이지 · www.gilbut.co.kr | **이메일** · eztok@gilbut.co.kr

기획 및 책임편집 · 고경환 (kkh@gilbut.co.kr) | **디자인** · 윤석남 | **제작** · 이준호, 손일순, 이진혁
마케팅 · 이수미, 장봉석, 최소영 | **유통혁신** · 한준희 | **영업관리** · 김명자, 심선숙 | **독자지원** · 윤정아

CTP 출력 및 인쇄 · 예림인쇄 | **제본** · 예림바인딩

ISBN 979-1165-21-632-0 03740
(이지톡 도서번호 301057)

정가 16,000원

....

독자의 1초까지 아껴주는 정성 길벗출판사

(주)도서출판 길벗 | IT실용, IT/일반 수험서, 경제경영, 취미실용, 인문교양(더퀘스트) www.gilbut.co.kr
길벗스쿨 | 국어학습, 수학학습, 어린이교양, 주니어 어학학습, 교과서 www.gilbutschool.co.kr

현재 많은 기업이 실무에서 일정 수준 이상의 비즈니스 영작 능력을 요구하고 있다. 이에 따라 TOEIC Writing에 대한 수요도 점점 늘어나는 상황이다. 비즈니스 영어에 기반한 이 시험에서 고득점을 얻는다는 것은 실무에서 충분히 영어로 업무가 가능하다는 의미이다.

단기간에 고득점을 받을 수 있는 책!

이 책은 TOEIC Writing을 짧은 시간에 효율적으로 이해하고 문제 풀이에 접근할 수 있도록 쉽게 정리해 놓았다. 모든 내용은 실제 다년간의 수업을 통해 만들어진 패턴을 바탕으로 구성되었으며, 실제로 이 패턴을 이용하여 시험을 치른 학생들이 대부분 레벨 7 이상의 고득점을 얻었다. 또한 실제 학생들의 글을 첨삭하면서 얻은 노하우를 이 책 곳곳에 담았다.

쉬운 표현으로 이해와 응용이 가능한 책!

이 책은 다양한 수준의 수험생들을 위한 예문과 패턴으로 구성되어 있다. 우리말로도 잘 이해가 되지 않는 어려운 문장이 아니라 누구나 이해할 수 있는 예문으로 구성해서 응용이 매우 쉽다. 또한 모든 문제는 실제 기출 유형을 철저히 반영해, 최근 6개월간 변화하고 있는 출제 경향도 놓치지 않았다. 이 책 한 권만 봐도 TOEIC Writing 정보를 얻기 위해 더 이상 인터넷을 뒤질 필요가 없을 것이다.

고득점과 비즈니스 영어를 동시에 잡는 책!

현재 Writing 전문 강사로 강의하며 다양한 학생들을 접하다 보니 토익에서 고득점을 받았지만 영어로 글을 쓸 수 없는 학생들을 많이 만나게 된다. 점수 영어 따로 취업 영어 따로 공부하면서 많은 시간을 낭비하고 좌절하는 우리 학생들에게 영어로 글을 쓰는 것이 무섭지 않다는 것을 이 책으로 알려주고 싶었다.

끝으로, 이 책을 보는 모든 학생들에게 솔로몬과 같은 지혜가 함께 하길 기도한다. 좋은 책을 위해 노력하는 길벗출판사 분들과 늘 열정을 주는 조교들과 학생들 그리고 사랑하는 가족에게 감사하다는 말을 전하고 싶다.

저자 **정은순**

Esther Chung

TOEIC Writing의 시험 시간은 대략 60분이기 때문에
Part마다 얼마나 집중을 해서 보느냐가 가장 중요합니다.
그 동안 많은 학생들과 함께 실제 시험을 통해 만든
이 책 속의 패턴을 이용하면 더 쉽고 빠르게 점수를 올릴 수 있습니다.

* 질문을 정확히 읽는 능력이 고득점을 좌우한다!

TOEIC Writing 시험은 답안을 만드는 것만큼이나 질문을 이해하는 능력이 중요하다. 어떤 Part건 초조해하지 말고 문제를 꼼꼼히 읽어야 한다. 특히 Part 2 이메일 쓰기의 경우 본문의 지문을 이해하지 못하면 아무리 길게 답안을 써도 점수를 얻을 수 없다. 옆 사람의 타이핑 소리에 신경 쓰지 말고 독해하는 데 충분한 시간을 가져야 한다.

* 최종 1~2분이 남았을 때 내용을 수정할 경우 신중을 기하자.

시험을 보고 1~2분 정도 남았을 때 전체적인 내용을 수정하려고 해서는 안된다. 오타는 고칠 수 있겠지만 문장을 다시 쓴다든지, 아이디어 전체를 바꾸려고 해서는 안된다. 간단한 철자에도 시간이 부족한 것을 인지한 순간부터 긴장하기 때문에 지우고 쓰지 못하는 경우가 흔하다. 특히 Part 2, 3에서는 간단한 철자 정도는 틀렸을 때 크게 감점되는 포인트가 아니니 전체적인 의미에 어울리는 단어라면 그냥 두는 것이 좋다. 미완성으로 제출하는 것은 많은 감점을 받을 수 있다.

* 어려운 단어/문법을 쓴다고 해서 고득점을 받는 게 아니다!

TOEIC Writing은 어려운 단어와 문법을 얼마나 알고 있는지 판단하는 시험이 아니다. 내 의견을 정확하게 전달하는 것이 가장 중요하기 때문에, 잘 모르는 어려운 단어/문법을 쓰려고 하지 말고 쉽고 정확한 단어와 문법이 되도록 문장을 만든다. 잘 모르는 스펠링에 집착해서 시간을 낭비하지 말고 전체적인 연결이 자연스러운지를 계속 확인한다.

✱ 모르는 단어가 나왔을때는 앞뒤 문장의 상황을 파악해서 추측한다!

모르는 단어가 나오면 당황하지 말고 전체적인 흐름을 보면서 유추해야 한다. Part 2 이메일 쓰기에서 모르는 단어가 나오면 대부분 당황하고 그 단어 때문에 답을 쓸 수 없다고 생각하지만 절대 그렇지 않다. 이메일을 보낸 사람의 상황을 잘 독해하고 이해한다면 단어 한두 개 정도는 몰라도 충분히 답을 쓸 수 있다.

✱ TOEIC Writing TEST만 보면 이렇게 하자!

TOEIC Writing만 보는 경우 주로 오후 시간에(시간 변경 있을 수 있음) 시험을 본다. 대부분 시험을 위한 CBT 시설이 잘 갖춰진 곳보다 대학교나 교육원 같은 곳이 많다. 대부분 칸막이가 없으며 간격을 두고 앉아서 시험을 보게 한다. 다른 사람이 치는 키보드 소리가 생생하게 들리고 간혹 옆 사람의 한숨 소리나 개인적인 소리들이 들릴 수 있기 때문에 조바심을 갖지 않는 게 가장 중요하다.

그리고 의자에 앉아서 60분 가량 시험을 봐야 하기 때문에 의자의 높이, 키보드와 팔의 높이 등을 체크해 본다. 의자에서 소리가 나거나 내 체형과 너무 달라서 키보드를 치고 모니터를 집중해서 보기 어렵다면 자리변경을 꼭 요청해야 한다. 시험 입실은 여유 있게 하자. 자리가 본인에게 맞지 않을 경우 변경할 수 있는 충분한 시간을 가질 수 있기 때문이다.

✱ TOEIC Speaking과 Writing을 같이 보면 이렇게 하자!

사방이 칸막이로 개인 공간이 보장될 경우 모니터에 대한 집중력이 더 높아진다. 하지만 Speaking에 비해서 크게 영향을 받지 않기 때문에 두 가지를 같이 보는 경우 Speaking에 더 유리한 장소를 선택하도록 하자.

Speaking 시험 후 바로 Writing 시험으로 이어지기 때문에 기계적 문제로 특별한 경우가 아니라면 중간에 자리를 변경할 수 없다. 동시에 보는 경우 Speaking 시작 전에 키보드의 위치와 의자 간격을 꼼꼼히 체크하고 불편한 경우 변경을 요청할 수 있다. 되도록 CBT 시설이 잘 갖춰진 곳에서 보는 것이 좋다. CBT 시설이 잘 갖춰진 공간은 양 옆과 앞면 모두 칸막이가 되어 있어서 확실한 개인 공간이 보장되기 때문에 말하기를 어색해 하는 학생들에게 굉장히 유리하다. 또한 스피커 상태가 좋아 듣고 말하기가 편하다.

목차

이 책은 크게 3단계로 구성되어 있으며, 각 단계마다 다음과 같은 특징이 있다.

1. 시나공 워밍업

TOEIC Writing의 피가 되고 살이 되는 기본 중의 기본! 수험생들이 TOEIC Writing에서 흔히 저지를 수 있는 실수를 줄여주고 기본기를 습득할 수 있도록 했다.

2. 시나공 트레이닝

만점 가이드

만점받는 데는 이유가 있다! 감점 요소를 피해 고득점을 얻는 방법을 최대한 자세히 설명했다.

공략 포인트

TOEIC Writing에서 자주 출제되는 유형만 묶어 명쾌하게 설명한 TOEIC Writing의 핵심 정리이다. 각 파트마다 시험에 자주 출제된 포인트만 모으고 정리해서, 공략 포인트만 다 학습해도 좋은 레벨을 얻을 수 있다.

만점 피드백

학원 강의보다 더 자세한 1대 1 방식의 맞춤형 과외! 선생님의 첨삭노트로 내 수준을 진단해보고 만점전략을 세워보는 《시나공 TOEIC Writing 단기완성》의 자랑. 이보다 더 친절할 수는 없다.

Q & A

수험생들이 시험볼 때 생기는 궁금증들을 모았다!

3. 시나공 테스트 [실전 모의고사]

나의 실력을 점검하고 공부한 내용을 총정리할 수 있도록 적중률 높은 문제들로 구성된 마지막 비장의 카드! 실전 대비는 이것으로 충분하다.

4. 레벨 7을 책임지는 필수 문장 모음

고득점을 위해 시험에서 자주 쓰이는 문장을 모았다. 이 문장들만 제대로 학습해도 답안의 뼈대를 작성할 수 있다.

5. 어휘 정리 워크북과 모범 답안 및 해설

본문에서 쓰인 어휘와 표현을 다시 복습하고 영작으로 마무리한다. 엄선된 핵심 표현과 ETS 채점 기준을 충실히 반영한 모범 답안으로 고득점을 완전히 대비한다.

먼저 워밍업을 통해 TOEIC Writing 고수가 되기 위한 상식, 문법 등의 기본기를 익히자. 그 다음, **'만점 가이드 – 공략 포인트 – 만점 피드백'**으로 구성된 체계적인 트레이닝을 거치면서 Writing 실력을 탄탄하게 다져 나가자. 마지막으로 실전과 같은 형태와 난이도로 구성된 모의고사를 풀어보며 학습한 내용을 정리하다 보면 여러분도 어느새 TOEIC Writing 고수가 되어 있을 것이다!

이 책의 추천 대상

* 취업 또는 승진을 위해 TOEIC Writing 점수가 필요한 분

시간 여유가 많지 않은 취업 준비생과 직장인들에게 필요한 것은 방대한 분량의 거품이 아닌 간결하고도 명쾌한 핵심 정리와 실전 대비 훈련! 단기에 시험을 공략하고 목표 점수를 얻기 위해 군더더기 없는 노하우와 적중률 높은 실전 문제들로 구성했다.

* 근본적인 영작 능력을 기르고 싶은 분

TOEIC Writing은 실용 영작 능력을 측정하는 시험이므로 이를 공부하면서 자연스럽게 전반적인 영작 실력을 향상시킬 수 있다. 특히, 문장 교정은 물론 다양하고 유용한 표현들까지 연습할 수 있으니 일석이조! Writing 고수가 될 수 있는 핵심 비법을 고스란히 담았다.

* TOEIC Writing을 처음 시작하는 분

초보자도 쉽게 이해할 수 있도록 이론을 체계적으로 정리했다. 시험에 대한 생소함을 덜 수 있도록 시험 진행 방식 및 유형을 자세히 설명했으며, 실제 수업처럼 자세하게 첨삭 노트를 달아 자신의 수준을 객관적으로 평가하고 자주하는 실수를 줄일 수 있게 했다. 막막하기만 했던 TOEIC Writing에서 이 책으로 초보에서 고수로 도약해보자!

"난 영어 실력이 좋지 않은데 과연 고득점을 얻을 수 있을까?"
많은 수험생들이 토익 라이팅을 치를 때 '영작'이라는 부담을 느낀다.
'영작'이라는 것은 왠지 기본 영어 실력이 뛰어난 사람만 가능한 것 같고,
시작 조차 어려워한다.
그런데 "토익 라이팅"에 필요한 영작 실력은 그렇게 높지 않다.
토익 라이팅 전문 강사가 공개하는 레벨 7, 8 영작법을 공개한다.

1. 짧더라도 정확한 어순의 문장을 쓴다.

많은 학생들이 잘못 알고 있는 것 중의 하나는 길게 쓰면 무조건 좋다는 생각이다. 길게 어순 없이 쓴 글보다는 짧더라도 정확한 어순을 갖고 쓴 글이 좋은 점수를 얻을 수 있다.

2. 쓰는 것만큼 독해도 중요하다.

Part 2 이메일 쓰기와 Part 3 에세이 쓰기에서 중요한 것은 문제를 읽고 이해하는 능력이다. 문제를 제대로 이해하지 못하면 답을 아무리 길게 써도 모두 틀리게 된다.
예를 들어, Part 2 문제에서 동료의 성과를 언급하라는 유형의 문제가 나왔을 때 성과에 대한 칭찬을 해야 한다. 그러나 많은 학생들은 동료의 성격에 대한 칭찬을 하는 경우가 대부분이다. 이 경우는 절대 좋은 점수를 얻을 수 없다.

3. 모든 파트는 상황 별로 공부한다.

파트 별로 자주 나오는 상황들이 교재에 정리가 되어 있다. 상황에 맞게 문장을 영작해보고 암기한다면 기초 단계 학생도 좋은 점수를 얻을 수 있다. 무작정 영작만 많이 하기보다는 각각 상황에 맞게 영작하는 연습이 필요하다.
예를 들어, Part 1의 사진 묘사의 경우 [공항/대중교통/공사장] 등과 같이 자주 나오는 상황 별 표현을 알아둔다면 시험에 매우 유리하다.

4. 전치사는 숙어 암기로 극복한다.

학생들이 전치사가 어렵다는 말을 많이 한다. 그리고 요령을 찾으려고 한다. 하지만 전치사는 요령을 찾기보다 숙어를 암기하면서 쓰임을 익혀야 한다.

숙어를 통해 전치사를 암기하면 표현도 좋아질 뿐만 아니라 전치사의 쓰임 정확도가 높아지기 때문에 두 마리의 토끼를 잡을 수 있다.

토익 라이팅에서 다루는 숙어들은 실제 비즈니스 환경에서도 활용도가 높기 때문에 시험 후에는 실제 영어 실력도 매우 향상 된다.

5. 에세이는 좋은 점수를 받게 해주는 보너스 파트다.

세 개의 Part 중에서 많은 학생들이 에세이를 가장 어려워한다. 많은 내용을 써야 하는 것이 부담스럽고 긴 글에 익숙하지 않다 보니 두려움이 가장 큰 Part이다.

하지만 실제 학생들이 점수를 많이 못 얻는 Part는 이메일 파트(Part2)이다. 의도 파악을 못하게 되면 점수 얻기가 어렵다. 시간 제약도 10분이기 때문에 긴장하면 완성을 못할 수 있다. 하지만 에세이는 시간도 30분이고, 내 생각을 길게 쓰기 때문에 하고 싶은 말을 모두 쓰게 된다.

그래서 의외로 좋은 점수를 얻을 수 있다. 겁내지 말고, 문제 별로 아이디어를 암기해 두면 여러분의 점수에 많은 도움이 될 것이다.

학습 스케줄

📚 A 코스(2주 완성)

대상 : 토익 800점 이상. TOEIC Writing 응시 경험 1회 이상, 영작에 자신이 있는 분

1일	2일	3일	4일	5일	6일	7일
PART 1 만점 가이드	공략 포인트	공략 포인트	만점 피드백 / 실전 문제	**PART 2** 만점 가이드	공략 포인트	공략 포인트
8일	**9일**	**10일**	**11일**	**12일**	**13일**	**14일**
만점 피드백 / 실전 문제	**PART 3** 만점 가이드	공략 포인트	공략 포인트	만점 피드백 / 실전 문제	어휘 정리 워크북 / 레벨 7을 책임지는 파트별 필수 문장	**Actual Test** **1~4**

📚 B 코스(4주 완성)

대상 : 토익 800점 미만. TOEIC Writing 응시 경험 무, 영작이 부담스러운 분

1일	2일	3일	4일	5일	6일	7일
TOEIC Writing 상식	TOEIC Writing 상식	만점 대비 시험 D-5 문법 정리	만점 대비 시험 D-5 문법 정리	만점용 헷갈리는 표현 정리	**PART 1** 만점 가이드	공략 포인트
8일	**9일**	**10일**	**11일**	**12일**	**13일**	**14일**
공략 포인트	공략 포인트	만점 피드백 / 실전 문제	**PART 2** 만점 가이드	공략 포인트	공략 포인트	공략 포인트
15일	**16일**	**17일**	**18일**	**19일**	**20일**	**21일**
만점 피드백 / 실전 문제	**PART 3** 만점 가이드	공략 포인트	공략 포인트	공략 포인트	공략 포인트	공략 포인트
22일	**23일**	**24일**	**25일**	**26일**	**27일**	**28일**
만점 피드백 / 실전 문제	어휘 정리 워크북	어휘 정리 워크북	레벨 7을 책임지는 파트별 필수 문장	레벨 7을 책임지는 파트별 필수 문장	**Actual Test** **1~2**	**Actual Test** **3~4**

WARMING UP

Warming Up 1 *TOEIC Writing 상식*

TOEIC Writing의 이메일 쓰기 파트(Part 2)는 비즈니스 메일에 답장을 하는 형식으로 작성한 후 점수를 취득하고, 취업을 했을 때 업무에 활용할 수 있는 표현을 사용하게 된다. 단순히 점수를 취득하는 것을 넘어서 실무 만족도가 매우 높은 시험이라고 할 수 있다.

무언가를 정리해서 영어로 쓴다는 것은 분명히 어려운 일이다. 그러나 시험 영어는 정해진 형식이 있기 때문에 이 부분을 철저히 분석해서 공부한다면 분명 고득점을 받을 수 있다. TOEIC Writing이란 어떤 시험이고 어떻게 공부해야 하는지 궁금증을 먼저 풀어보자.

다음 퀴즈는 TOEIC Writing 수험생들이 가장 궁금해하는 내용이다. 직접 풀어보고 궁금증을 해소해보자.

토익 라이팅 O X 퀴즈 여러분은 TOEIC Writing에 대해 얼마나 잘 알고 있나요? 아래 OX 퀴즈를 풀어보세요.

01 TOEIC Writing 출제 기관은 TOEIC 출제 기관과 별개이다. [   ]

02 TOEIC Writing은 매주 시험이 있다. [   ]

03 TOEIC Writing은 펜으로 시험을 본다. [   ]

04 TOEIC Writing은 총 3개 유형으로 문제는 8개다. [   ]

05 TOEIC Writing은 영타를 잘 치는 사람만 볼 수 있다. [   ]

06 TOEIC Writing은 TOEIC Speaking처럼 30분 동안 시험을 본다. [   ]

07 TOEIC Writing의 에세이 파트는 선택 사항이다. [   ]

08 TOEIC Writing은 TOEIC Speaking처럼 200점 만점이다. [   ]

09 TOEIC Writing의 사진 묘사는 TOEIC Speaking처럼 시간까지 길게 쓰면 된다. [   ]

10 TOEIC Writing 답안 첨삭은 기계적 툴로 첨삭된다. [   ]

11 TOEIC Writing 점수는 유효 기간이 없다. [   ]

12 TOEIC Writing은 꼭 TOEIC Speaking과 같이 응시해야 한다. [   ]

13 TOEIC Writing을 TOEIC Speaking과 같이 응시하면 가산점이 있다. [   ]

14 TOEIC Writing과 TOEIC Speaking을 같이 볼 경우 중간에 쉬는 시간이 있다. [   ]

ⓄⓍ 퀴즈 정답

| 맞은 개수 | 0–4개 초보 단계 | 5–10개 준비 단계 | 11–14개 실전 준비 완료 단계 |

01 **TOEIC Writing 출제 기관은 토익 출제 기관과 별개이다.** ⋯⋯⋯⋯⋯⋯⋯⋯ [Ⓧ]

TOEIC, TOEIC Speaking, TOEIC Writing 모두 ETS가 개발하였다. 모두 일반적인 일상생활과 비즈니스 환경에서의 의사소통 능력을 측정하기 때문에 연계성을 갖고 있다.

02 **TOEIC Writing은 매주 시험이 있다.** ⋯⋯⋯⋯⋯⋯⋯⋯⋯⋯⋯⋯⋯⋯ [Ⓧ]

TOEIC Writing은 한 달에 한 번 시행된다. 꼭 일정을 확인하고 시험을 준비하고 신청한다.

03 **TOEIC Writing은 펜으로 시험을 본다.** ⋯⋯⋯⋯⋯⋯⋯⋯⋯⋯⋯⋯⋯ [Ⓧ]

TOEIC Writing은 IBT(Internet-Based Test) 방식으로 실시되기 때문에 펜으로 시험을 보지 않고 실제로 컴퓨터 상에서 타이핑하여 정해진 시간 내에 답을 작성해야 한다.

04 **TOEIC Writing은 총 3개 유형으로 문제는 8개다.** ⋯⋯⋯⋯⋯⋯⋯⋯ [Ⓞ]

TOEIC Writing은 3개 유형으로 문제는 8개다. TOEIC Speaking과 달리 준비 시간이 전혀 없고 문제가 바로 등장한다.

문제	문제 유형	답변 시간	문제당 점수
Part 1 (Questions 1~5)	Write a sentence based on a picture. 사진에 근거한 문장 만들기	총 8분	0-3점
Part 2 (Questions 6~7)	Respond to a written request. 이메일 답장 작성하기	총 20분 (문제당 10분)	0-4점
Part 3 (Question 8)	Write an opinion essay. 에세이 쓰기 (의견 기술하기)	총 30분	0-5점

05 **TOEIC Writing은 영타를 잘 치는 사람만 볼 수 있다.** ⋯⋯⋯⋯⋯⋯ [Ⓧ]

기본적으로 컴퓨터 상에서 영타로 시험이 진행되기 때문에 능숙하면 유리할 수 있다. 하지만 매우 빠르게 치는 학생들만을 위한 시험은 아니다. Part 1(사진 묘사)과 Part 2(이메일 쓰기)에서는 천천히 쓸 시간적 여유가 충분하며 Part 3(에세이)에서도 문제에 대해 시간을 잘 배분하고 배운 패턴을 잘 활용하면 키보드를 보면서 칠 수 있다. 앞으로 영타는 계속적으로 필요한 부분이 될 테니 평소에 연습해두면 도움이 될 것이다.

06   TOEIC Writing은 TOEIC Speaking처럼 30분 동안 시험을 본다. ⸺⸺⸺ [⊗]

TOEIC Writing은 60분 동안 시험을 본다. 각 문제당 준비 시간은 전혀 없다.

07   TOEIC Writing의 에세이 파트는 선택 사항이다. ⸺⸺⸺⸺⸺⸺ [⊗]

에세이는 선택 사항이 아니라 Part 3에 포함된 필수 사항이다.

08   TOEIC Writing은 TOEIC Speaking처럼 200점 만점이다. ⸺⸺⸺ [◎]

TOEIC Writing과 TOEIC Speaking 모두 만점은 200점이다. 하지만 최고 등급에 차이가 있다. TOEIC Speaking은
Level 8이 최고 등급, Writing은 Level 9가 최고 등급이다.

Level	Speaking 점수	Writing 점수
1	0 - 30	0 - 30
2	40 - 50	40
3	60 - 70	50 - 60
4	80 - 100	70 - 80
5	110 - 120	90 - 100
6	130 - 150	110 - 130
7	160 - 180	140 - 160
8	190 - 200	170 - 190
9		200

09   TOEIC Writing의 사진 묘사는 TOEIC Speaking처럼 시간까지 길게 쓰면 된다. ⸺ [⊗]

TOEIC Writing Part 1의 사진 묘사는 TOEIC Speaking처럼 정해진 시간이 다될 때까지 무조건 묘사하는 형태가
아니다. 사진과 더불어 두 개의 단어가 주어지고 그것을 이용해서 한 문장을 만들면 된다.

10   TOEIC Writing 답안 첨삭은 기계적 툴로 첨삭된다. ⸺⸺⸺⸺⸺ [⊗]

TOEIC Writing 답안 첨삭은 기계적인 툴로 이루어지는 것이 아니라 ETS 전문 평가자들에 의해서 이루어진다.
개인적인 생각들이 반영된 답안이기 때문에 철저히 교육된 전문가들에 의해서 첨삭이 이루어진다.

11   TOEIC Writing 점수는 유효 기간이 없다. ⸺⸺⸺⸺⸺⸺⸺ [⊗]

유효 기간은 2년이다.

12   TOEIC Writing은 꼭 TOEIC Speaking과 같이 응시해야 한다. ·········· [⊗]

동시는 물론 TOEIC Writing만 별도의 신청도 가능하다.

13   TOEIC Writing을 TOEIC Speaking과 같이 응시하면 가산점이 있다. ·········· [⊗]

TOEIC Writing과 TOEIC Speaking을 같이 볼 때 특별 가산점은 없다.

14   TOEIC Writing과 TOEIC Speaking을 같이 볼 경우 중간에 쉬는 시간이 있다. ·········· [⊗]

둘 다 응시할 경우 TOEIC Speaking 시험 후에 바로 TOEIC Writing이 이어지며 중간에 쉬는 시간은 없다.

Warming Up 2 만점 대비 시험 D-5 문법 정리

1 주어 – 동사 인칭 맞추기

영작을 할 때 인칭을 맞추는 부분은 가장 중요한 포인트다. Part 1 한 문장 쓰기부터 Part 3 에세이 쓰기까지 문장을 영작하는 데 있어서 인칭 실수를 하지 않도록 주의해야 한다. 인칭 실수를 한다는 것은 기초가 많이 부족한 답변으로 보일 수 있으므로 주어가 3인칭 단수일 때 주의하자.

→ My manager make our team members motivated. (✗)
→ My manager makes our team members motivated. (◯)

매니저는 우리 팀원들이 동기부여 되도록 만든다.

→ He enjoy listening to music. (✗)
→ He enjoys listening to music. (◯)

그는 음악 듣는 것을 즐긴다.

→ Copies of the shipping documents is attached. (✗)
→ Copies of the shipping documents are attached. (◯)

선적 서류 사본이 첨부되어 있습니다.

→ Due to our efforts, we was able to convince the clients. (✗)
→ Due to our efforts, we were able to convince the clients. (◯)

저희 노력에도 불구하고, 저희는 고객들을 설득할 수 없었습니다.

영작 연습하기

●정답은 해설집에서 확인

1. [unexpectedly / plane reservation] 제 계획이 갑자기 변경되어 항공편 예약을 취소해야만 합니다.

→

2 부사절 시제

현재, 과거, 미래 시제를 정확히 맞추는 것도 중요하지만 모든 파트에서 자주 사용하게 될 시간/조건/양보의 접속사를 신경쓰자. 부사절에서는 미래의 일이라도 현재 시제를 사용해야 한다.

→ As soon as she will arrive at the office, she will contact you. (✗)
→ As soon as she arrives at the office, she will contact you. (◯)

그녀는 사무실에 도착하자마자 당신에게 연락을 할 거예요.

→ He will be angry if you will be late. (ⓧ)
→ He will be angry if you're late. (Ⓞ)

당신이 늦으면 그는 화를 낼 거예요.

→ The manager will stay here until she will get back. (ⓧ)
→ The manager will stay here until she gets back. (Ⓞ)

매니저는 그녀가 돌아올 때까지 여기에 있을 거예요.

→ Even if it will snow tomorrow, the game will not be delayed. (ⓧ)
→ Even if it snows tomorrow, the game will not be delayed. (Ⓞ)

만약 내일 눈이 온다고 해도, 경기는 연기되지 않을 거예요.

영작 연습하기

●정답은 해설집에서 확인

2. 제가 사무실에 도착하자마자 당신에게 이메일을 보내겠습니다.

→

3 사역 동사

문장의 주체가 자신이 아닌 다른 사람에게 특정 행동이나 동작을 하게 하는 것을 말한다. 우리말로 '~하도록 시키다, ~하도록 하다'의 의미를 갖고 있고 아래의 어순으로 쓰인다는 것을 기억해 두자.

→ My mother made for my brother to take the class. (ⓧ)
→ My mother made my brother take the class. (Ⓞ)

엄마는 동생이 그 수업을 듣게 했다.

→ My mother's advice made me to realize that it's important to eat breakfast every morning. (ⓧ)
→ My mother's advice made me realize that it's important to eat breakfast every morning. (Ⓞ)

엄마의 조언은 아침을 매일 아침 먹는 게 중요하다는 것을 깨닫게 해줬다.

영작 연습하기

●정답은 해설집에서 확인

3. 제가 Mr. Kim에게 당신의 파일을 되도록 빨리 확인하게 하겠습니다.

→

동명사(V-ing)는 '동사'와 '명사'가 합쳐진 말로, 동사의 성질을 가지면서 문장에서는 명사의 역할(주어/목적어/보어)을 한다.

에세이를 쓸 때 주어 자리에 동명사를 넣는 것은 굉장히 간결한 문장 구조를 만들어 주기 때문에 활용해보자. 주의할 점은 동명사가 주어 자리에 오면 항상 3인칭 단수 주어라는 점을 생각하며 동사를 써주어야 한다. 동명사를 목적어로 취하는 동사들을 미리 암기해 두면 쉽고 정확하게 문장을 만들 수 있다.

동명사를 목적어로 취하는 동사

enjoy 즐기다   consider 고려하다   finish 마치다   mind 꺼리다   deny 부인하다
postpone, delay 연기하다

→ Reading books are important. (✗)
→ Reading books is important. (○)

책을 읽는 것은 중요하다.

→ My hobby is surf the Internet. (✗)
→ My hobby is surfing the Internet. (○)

내 취미는 인터넷 서핑이다.

→ Would you mind to help me with the paperwork? (✗)
→ Would you mind helping me with the paperwork? (○)

서류 작성하는 것 좀 도와 주시겠어요?

영작 연습하기

●정답은 해설집에서 확인

4. [such a long distance] 이렇게 먼 길을 와주셔서 감사합니다.

→ _____

[to+동사원형]의 to부정사는 문장에서 명사, 형용사, 부사 역할을 한다. to부정사를 목적어로 취하는 일반동사를 암기해 놓으면 쉽고 정확하게 사용할 수 있으며, [for+목적격]의 의미상의 주어를 사용하면 긴 문장도 쉽게 영작할 수 있다.

to부정사를 목적어로 취하는 일반동사

want, wish 원하다, 바라다   expect 기대하다   decide 결심하다   promise 약속하다
afford 여유가 되다   hesitate 망설이다   pretend ~인 척하다

→ To eat junk food is not good for you. (주어 / 명사적 용법)

→ He wants to work from home. (목적어 / 명사적 용법)

→ My goal is to give a presentation in English. (보어 / 명사적 용법)

→ I have something to show you. (명사 수식 / 형용사적 용법)

→ Many people use the Internet to download their favorite songs.

(목적어 수식 / 부사적 용법)

정크푸드를 먹는 것은 너에게 좋지 않다.

그는 재택 근무를 하길 원한다.

내 목표는 영어로 발표하는 것이다.

너한테 보여줄 게 있다.

많은 사람들은 좋아하는 노래를 다운로드하기 위해 인터넷을 사용한다.

to부정사의 의미상의 주어 활용법

for + 목적격 + to부정사

(me / you / him / her / us / them)

→ It's hard for people to learn to speak English fluently in a short time.

→ It would be better for him to take it easy.

→ Would it be possible for you to send me the following goods?

사람들이 짧은 시간 내에 유창하게 영어를 말하는 것을 배우는 것은 어렵다.

그가 진정하는 것이 더 나을 것이다.

다음 상품들을 제게 보내주실 수 있습니까?

＊ **자주 쓰이는 to부정사 구문 알아두기**

5형식 목적격 보어 자리에 to부정사가 오는 동사들을 정확히 암기해 두자. 이메일 쓰기, 에세이 등에서 활용도가 높다.

❶ **force + 목적어 + to동사원형:** ~에게 …하도록 강요하다
❷ **require + 목적어 + to동사원형:** ~에게 …할 것을 요구하다
❸ **want + 목적어 + to동사원형:** ~에게 …할 것을 원하다
❹ **encourage + 목적어 + to동사원형:** ~에게 …할 것을 권장하다
❺ **enable + 목적어 + to동사원형:** ~가 …할 수 있도록 하다
❻ **order + 목적어 + to동사원형:** ~에게 …하라고 명령하다

→ He forced me work on the project. (Ⓧ)

→ He forced me to work on the project. (Ⓞ)

→ My manager wants me attending a company party. (Ⓧ)

→ My manager wants me to attend a company party. (Ⓞ)

그는 어쩔 수 없이 내가 그 프로젝트를 하게 만들었다.

내 매니저는 내가 회사 파티에 참석하길 원한다.

영작 연습하기

●정답은 해설집에서 확인

5. 우리는 경제 상황이 나아질 때까지 그 사업을 진행하지 않기로 결정했습니다.

→

주격 관계대명사의 인칭과 수의 일치

문장에서 주격 관계대명사를 사용할 경우 선행사와 관계대명사절의 동사를 인칭 및 수에 일치시켜야 한다.

→ My boss wants to hire people who is good at English. (❌)
→ My boss wants to hire people who are good at English. (⭕)

사장님은 영어를 잘하는 사람들을 고용하고 싶어한다.

→ She would like to work for a company which[that] give her a high salary. (❌)
→ She would like to work for a company which[that] gives her a high salary. (⭕)

그녀는 높은 급료를 주는 회사에서 일하고 싶어 한다.

영작 연습하기

●정답은 해설집에서 확인

6. 저는 제 비전을 공유해줄 팀원들과 일을 하게 되어 행복합니다.

→

감정분사 활용

사람의 감정을 나타내는 동사는 분사형으로 자주 쓰인다. 감정을 유발하는 V-ing(현재분사)와 감정을 느끼는 V-ed(과거분사)를 잘 구별해서 사용해야 한다.

감정을 불러일으키는 현재분사(V-ing)	감정을 느끼는 과거분사(V-ed)
boring 지루한	bored 지루해하는
confusing 혼란스럽게 하는	confused 혼란스러운
annoying 짜증나게 하는	annoyed 짜증나는
surprising 놀랄 만한	surprised 놀란
shocking 충격적인	shocked 충격을 받은

→ He gave up his goals too soon, so he was disappointing with himself. (❌)
→ He gave up his goals too soon, so he was disappointed with himself. (⭕)

그는 너무 일찍 그의 목표를 포기했고, 그래서 자신에게 실망했다.

→ The movie looks bored, so I am not interesting in that movie. (❌)
→ The movie looks boring, so I am not interested in that movie. (⭕)

그 영화는 지루해 보여서 나는 그 영화에 관심이 없다.

→ He was too exciting to focus on his studies. (❌)

→ He was too excited to focus on his studies. (⭕)

→ I tried my best, but the results were disappointed. (❌)

→ I tried my best, but the results were disappointing. (⭕)

그는 너무 흥분해서 그의 공부에 집중할 수 없었다.

나는 최선을 다했지만, 결과는 실망스러웠다.

영작 연습하기

●정답은 해설집에서 확인

7. 제품이 손상되어 도착했습니다. 귀사의 서비스는 실망스럽습니다.

→

⑧ 전치사 연습

* 4형식을 3형식으로 바꿀 때 사용하는 전치사

4형식에서 3형식으로 문장이 바뀔 때 오는 전치사는 동사가 무엇이냐에 따라 달라진다.
to뿐만 아니라 for와 of가 오는 경우도 있으니 주의한다.

> 4형식: S + V + IO + DO
> 3형식: S + V + DO + 전치사 + IO
> – to를 쓰는 동사: teach / write / tell / show / bring / read / give / send / lend
> – for를 쓰는 동사: find / choose / buy / make / sing / provide
> – of를 쓰는 동사: ask / beg

→ My mother taught me English. (4형식)

→ My mother taught English to me. (3형식)

엄마는 나에게 영어를 가르쳐주셨다.

→ The hotel provided me a good service. (4형식)

→ The hotel provided a good service for me. (3형식)

그 호텔은 나에게 좋은 서비스를 제공했다.

→ I sent the manager my résumé. (4형식)

→ I sent my résumé to the manager. (3형식)

나는 매니저에게 내 이력서를 보냈다.

영작 연습하기

●정답은 해설집에서 확인

8. 그가 당신에게 그 파일을 전달했어요?

→   (4형식)

→   (3형식)

기본적으로 명사 앞에는 관사를 꼭 쓰도록 한다. 하지만 예외적으로 쓰지 않는 경우도 있으니 그 경우를 더 집중적으로 익혀두자.

* **부정관사 a/an**

→ I have a chance to work a part-time job. →'숫자 하나'의 의미

나는 아르바이트할 기회가 있다.

→ His sister got a job. → 불특정한 것 지칭

그의 누나는 취업을 했다.

→ I had a blind date. →불확실한 것 지칭

나는 소개팅을 했다.

→ I used to help my teacher with his work twice a week. → '~당, ~마다'의 의미

나는 일주일에 두 번씩 선생님의 일을 도와드리곤 했다.

* **정관사 the**

정관사 the는 셀 수 있는 명사와 셀 수 없는 명사, 단수/복수 명사에 모두 사용된다.

> **정관사의 기본 용법**
> – 앞에서 한 번 언급된 명사를 다시 언급할 때
> – 세상에 하나밖에 없는 유일한 것을 지칭할 때
> – 악기명 앞에 관용적으로 사용
> – 최상급 앞에 사용

→ I bought a cell phone. The cell phone is brand-new. → cell phone이 반복됨

나는 휴대폰을 샀다. 그 휴대폰은 최신형이다.

→ I found a company that was looking to hire new employees. I have an interview at the company next week. → company가 반복됨

나는 새로운 직원들을 구하는 회사를 찾았다. 다음 주에 그 회사에서 면접을 본다.

→ The sun rises in the east. → 유일한 명사(the sun) 지칭

해는 동쪽에서 뜬다.

→ I read the Bible. → 유일한 명사(the Bible) 지칭

나는 성경을 읽는다.

→ I am playing the piano. → 악기 앞에 사용

나는 피아노를 연주하고 있다.

→ This is the hardest test. → 최상급 앞에 사용

이것은 가장 어려운 시험이다.

→ She is the most beautiful woman. → 최상급 앞에 사용

그녀는 가장 아름다운 여인이다.

＊ 관사를 쓰지 않는 경우

| 운동 / 식사 / 언어 / 도시 앞에 |

→ I want to buy the lunch for you. (Ⓧ)   나는 너에게 점심을 사고 싶다.
→ I want to buy lunch for you. (Ⓞ)

→ I often play a tennis with my father. (Ⓧ)   나는 종종 아버지와 테니스를 친다.
→ I often play tennis with my father. (Ⓞ)

→ I study the english every day. (Ⓧ)   나는 매일 영어를 공부한다.
→ I study English every day. (Ⓞ)

→ I used to go to the Seoul. (Ⓧ)   나는 서울에 가곤 했다.
→ I used to go to Seoul. (Ⓞ)

| 교통수단을 표시할 때 |

→ I go to school by the bus. (Ⓧ)   나는 버스로 학교에 간다.
→ I go to school by bus. (Ⓞ)

→ My mother goes to the Busan by the train. (Ⓧ)   엄마는 기차로 부산에 가신다.
→ My mother goes to Busan by train. (Ⓞ)

| 본래의 목적으로 공간이 이용될 때 |

→ I go to work.   나는 출근한다.
→ I get off work.   나는 퇴근한다.
→ I go to school.   나는 등교한다.
→ I study English at school.   나는 학교에서 영어를 공부한다.

영작 연습하기
●정답은 해설집에서 확인

9. 당신과 얘기 좀 했으면 합니다.

→

＊ 쉼표(,)

| 두 문장이 and, but, so 등의 접속사로 연결될 때 |

→ She studied Chinese and her brother studied French.

→ I was born in America, so I have no person to depend on in Korea.

→ My company is well-known for its good service, but I want to change jobs.

단, because는 앞에 쉼표를 찍지 않는다.

→ I have to study hard because the test is tomorrow.

그녀는 중국어를 공부했고, 그녀의 남동생은 프랑스어를 공부했다.

나는 미국에서 태어나서 한국에 의지할 사람이 없다.

내가 다니는 회사는 좋은 서비스로 유명하지만 난 이직을 하고 싶다.

시험이 내일이기 때문에 나는 열심히 공부해야 한다.

| 여러 가지를 나열할 때 |

→ She studied abroad for a few years and came back to Korea this year.

→ She was born, raised, and educated in America.

→ My brother bought a car, a computer, and a new bag to go on a trip.

→ I should install a cable TV service, an Internet service, and a phone service.

그녀는 몇 년간 해외에서 공부를 했고, 올해 한국으로 돌아왔다.

그녀는 미국에서 태어나서 자라고 교육받았다.

내 동생은 여행을 가려고 차, 컴퓨터 그리고 새 가방을 샀다.

나는 케이블 TV, 인터넷, 전화 서비스를 설치해야 한다.

| 부사절이 문장 앞쪽에 위치할 때 |

→ I will call you when my boss arrives here.

→ When my boss arrives here, I will call you.

→ Although I did my best, I failed the test.

→ I failed the test although I did my best.

사장님이 도착하시면 전화 드릴게요.

최선을 다했지만 나는 시험에 떨어졌다.

＊ 콜론(:)

콜론(:)의 용법을 쉽게 설명하면, 우리말로 '말하자면'이라는 뜻으로 이해하고 사용하면 된다. 동격이나 앞 내용을 부가 설명할 때, 또는 열거할 때 사용한다.

→ I need to buy many groceries: apples and bananas.

→ I know how to speak five languages: Spanish, English, Japanese, Korean, French.

→ He had only one goal on his mind: to enter a large company.

나는 사과, 바나나 같은 많은 식료품을 사야 한다.

나는 스페인어, 영어, 일어, 한국어, 불어 같은 다섯 개의 언어를 말할 수 있다.

그는 한 가지 목표만 생각하고 있었다. 말하자면 대기업에 들어가는 거였다.

＊ 세미콜론(;)

세미콜론(;)은 [, + and/but/so]와 같다고 이해하고 사용하면 된다. 혹은 therefore, moreover, however 등 접속부사 앞에 사용한다.

→ Working a part time job allows me to earn $1,000 a month; therefore, I am able to pay my own tuition.

아르바이트를 하면 내가 한 달에 1,000달러를 버는 게 가능하기 때문에 나는 학비를 낼 수 있다.

→ Littering can destroy the environment; thus, people should throw their trash away in trash cans and recycle when possible.

쓰레기를 버리는 것은 환경을 파괴하므로, 사람들은 가능하면 쓰레기를 쓰레기통에 버리고 재활용해야 한다.

영작 연습하기

● 정답은 해설집에서 확인

10. 만약 어떤 이유에서든 참석하실 수 없다면, 되도록 빨리 우리에게 알려주시기 바랍니다.

→

Warming Up 3 만점용 헷갈리는 표현 정리

틀린 부분을 찾아 수정하세요.

01 I looking forward to meeting everyone of you.

여러분 모두 만나뵙기를 기대하겠습니다.

02 I will be in the office until my boss come to here.

사장님이 여기에 오실 때까지 저는 사무실에 있을 거예요.

03 My husband always work overtime because he has many task to complete.

남편은 끝내야 할 일이 많아서 항상 잔업을 한다.

04 Almost every teachers prepare for his/her class.

거의 모든 선생님들이 수업을 준비한다.

05 I'd like to know when and where will I have my English Interview.

제가 언제 어디서 영어 면접을 보는지 알고 싶습니다.

06 Can you tell me until exactly when is the renovation work on the conference room expected to last?

회의실 보수 공사가 정확히 언제까지 지속될 것으로 예상되는지 제게 말씀해주실 수 있나요?

07 My boss wants his employees attend the staff gatherings.

사장님은 직원들이 직원 모임에 참석하길 바란다.

08 My manager told to me work overtime.

매니저가 나에게 잔업하라고 지시했다.

09 Studying abroad help students learn about other culture.

해외 유학은 학생들이 다른 문화에 대해서 배우도록 도와준다.

10 Taking SAT classes helped me doing well on the SAT.

SAT 수업을 들은 것이 내가 SAT 시험을 잘 보도록 도와주었다.

11 My teacher let us to go to bed early.

선생님은 우리를 일찍 자게 해주었다.

12 I can't avoid to study English because I have to have an English interview.

나는 영어 면접을 봐야 하기 때문에 영어를 공부하는 것을 피할 수 없다.

13 I don't mind work overtime.

나는 잔업하는 것을 꺼리지 않는다.

14 It's not easy young students to make many moneys.

어린 학생들이 많은 돈을 버는 것은 쉽지 않다.

15 I want to work with co-workers who has a lot of experiences in this field.

나는 이 분야에 경험이 많은 동료들과 일하고 싶다.

16 I've used this cell phone last summer.

나는 지난 여름부터 이 휴대폰을 쓰고 있다.

17 I am satisfied my company.

나는 회사에 만족한다.

18 The class was long and bored.

그 수업은 길고 지루했다.

19 My brother entered to the company 5 years ago, but he didn't get a promotion.

내 동생은 5년 전에 그 회사에 들어갔는데 승진을 못했다.

20 I used to dating with him.

나는 그와 데이트를 하곤 했다.

21 The train is approaching to the station.

열차가 역으로 들어오고 있다.

22 He is going to upstairs.

그는 위층으로 가고 있다.

23 As soon as I will arrive at there, I will check your e-mails.

제가 거기 도착하자마자 당신 이메일을 확인할게요.

24 She couldn't to say a word.

그녀는 한 마디도 할 수 없었다.

25 I can play five instrument: the piano, guitar, drums, cello, and flute.

나는 피아노, 기타, 드럼, 첼로 그리고 플루트 같은 5개의 악기를 연주할 수 있다.

26 I have lived the following countries: Spain, Argentina, and France.

나는 다음 나라들에서 산 적이 있다: 스페인, 아르헨티나 그리고 프랑스.

27 I've never been to there.

나는 그곳에 가본 적이 없다.

28 There is an incident of flooding at our center yesterday.

우리 센터에서 어제 물이 넘치는 사고가 있었다.

29 My boss mentioned about the accident.

사장님이 그 사건을 언급하셨다.

30 We discussed about the project yesterday.

우리는 그 프로젝트에 대해서 어제 토론했다.

▶ 210페이지

02

TOEIC Writing

시나공 트레이닝

TRAINING

PART 1

Write a Sentence Based on a Picture

● 미리보기

TOEIC Writing Test

Questions 1- 5: Write a sentence based on the picture

Directions: In this part of the test, you will write ONE sentence that is based on a picture. With each picture, you will be given TWO words or phrases that you must use in your sentence. You can change the forms of the words and you can use the words in any order. Your sentences will be scored on

  • the appropriate use of grammar and
  • the relevance of the sentence to the picture.

In this part, you can move to the next question by clicking on **Next**. If you want to return to a previous question, click on **Back**. You will have 8 minutes to complete this part of the test.

Example

woman / teaching

| Sample response |
The woman is teaching the students.

Continue 버튼을 누르면 두 번째 화면에 첫 번째 문제가 나온다.

● 개요

문제 수	답변 준비 시간	답변 시간	시간 활용	점수	평가 기준
5개 Questions 1–5	없음	**8**분	문제당 대략 1분 30초 소요 / 사진 이동 가능	**0-3**점	– 문법 – 사진과 문장의 연관성

시험을 보는 데 반드시 필요한 정보만을 모았습니다!
각 파트의 특징과 답변 전략을 한눈에 파악할 수 있어요.

TOEIC Writing

● 답변 전략

1단계 사진을 보면 Key words를 제일 먼저 확인하고 단어와 어울리는 동작이나 사물을 묘사한다. 되도록 간결하게 쓰고 한 문장 안에 두 단어를 꼭 사용하도록 한다.

2단계 5개의 사진을 묘사한 후에 반드시 검토할 시간을 가져야 한다. 쉬운 사진이라 해도 Key words를 놓치고 영작하는 경우가 많으니 Key words가 들어갔는지 꼭 검토한다. 채점자는 어려운 문법을 얼마나 많이 사용했는지를 보는 것 보다 주어진 단어로 사진과 얼마나 연관성 있게 묘사했는지 보기 때문에, 어려운 문법보다는 명사 앞에 관사, 능동, 수동, 진행형과 같은 기본 문법을 정확하게 활용하자.

3단계 모르는 사진이 나올 경우 너무 오랜 시간을 지체하지 말고 아는 사진부터 답을 쓴 다음 다시 돌아와서 하자. 8분 동안 사진은 자유자재로 움직일 수 있다.

4단계 그럼, 쉽고 정확한 표현으로 만점에 도전해보자.

● 구성 및 배점표

Questions 1 ~ 5		– 명사, 동사, 형용사, 부사, 접속사, 전치사 조합 [주어+동사+목적어] 단순조합 – 명사, 동사, 형용사, 부사, 전치사+종속 접속사 (because, while, before, after, if, so that 등)
시간		8분
점수		0~3점
	3점	주어진 2개의 제시어가 모두 적절하게 한 문장에 적용되었을 때 사진과 문장의 연관성이 있을 때 문법적 오류가 전혀 없을 때
	2점	제시어의 부적절한 사용 (각각 다른 문장에 사용 / 틀린 형태) 사진과 문장의 연관성이 있을 때 의미를 해치지 않는 1개 또는 2개 이상의 문법적인 오류가 있을 때
	1점	사진과 연관성이 없을 때 Key words를 1개 또는 2개 다 사용하지 않을 때 의미를 해치는 문법상의 오류가 있을 때

● **제시된 두 단어를 함께 사용하여 완전한 한 문장을 만든다.**

제시어는 명사, 동사, 전치사, 접속사가 조합되어 출제된다. 꼭 한 문장 안에 제시어가 들어가도록 영작해야 한다. 사진과 어울리고, 상세한 문장이라고 해도 제시어 2개가 들어 있지 않다면 최고 점수를 얻을 수 없다. 마지막으로 검토하는 시간에는 한 문장 안에 제시어 2개가 다 포함되었는지 여부를 꼭 확인해야 한다.

Example

woman / in

- Woman is sitting (✖)
  ▶ 제시어가 1개 포함되어 있지 않고, 미완성으로 마무리됨.

- Woman is using the computer on the table. (✖)
  ▶ 제시어를 1개 사용하지 않음.

- Woman is using the computer in the office to (✖)
  ▶ 제시어가 다 포함되어 있지만 미완성 문장으로 마무리됨.

- A woman is using the computer in the office. (◎)
  한 여자가 사무실에서 컴퓨터를 사용하고 있는 중이다.
  ▶ 제시어가 다 포함되어 있고, 완성형 문장임.

활용 포인트 01
제시어가 동사일 경우 3인칭 주어에 맞게 변형할 수 있으며 진행형(be-ing), 수동형 (be+p.p.) 변형이 가능하다.

1. 제시어 – clean / because

→ The man cleans his car because it is dirty. 차가 지저분하기 때문에 남자가 차를 청소한다.

▶ 주어가 3인칭 단수(남자)이기 때문에 cleans로 변형되었다.

→ He is cleaning his car because he has to go to work. 그는 출근을 해야 하기 때문에 차를 청소하고 있는 중이다.

▶ 주어가 3인칭 단수(남자)이고 '청소하는 중이다'를 나타내기 위해 진행형 is cleaning이 사용되었다.

2. 제시어 – display / flower

→ A lot of flowers are displayed on the wall. 많은 꽃들이 벽에 진열되어 있다.

▶ 주어가 사물로 수동형을 사용하였고, 주어가 복수 형태이기 때문에 [are + p.p.] 구조 사용

→ Two women are displaying some flowers on the wall. 두 명의 여자가 벽에 꽃들을 진열하고 있는 중이다.

▶ 주어가 사람으로 진행형을 사용하였고, 주어가 복수 형태이기 때문에 [are + -ing] 구조 사용

실전에서 최대한 실수를 줄이고 고득점을 얻을 수 있는 방법을 소개합니다!
당장 실전에 써먹을 수 있는 만점 노하우만 모았어요.

TOEIC Writing

활용 포인트 **02**

제시어가 명사일 경우 복수로 변형 가능하다.

제시어에 명사가 나올 경우 사진과 어울리도록 단수나 복수 형태로 사용할 수 있다. 복수 명사를 주어 자리에 사용할 경우 동사 또한 복수형을 써야 하는 점을 꼭 기억하자. 명사가 제시어로 나왔을 경우, 단수, 복수로 모두 변형이 가능하다.

1. 제시어 – read / woman

→ Three women are reading books on the park lawn. 세 명의 여자가 공원 잔디에서 책을 읽고 있는 중이다.

→ The woman is reading a book while drinking a cup of tea. 여자가 차를 한 잔 마시면서 책을 읽고 있는 중이다.

2. 제시어 – child / in

→ Many children are in the classroom. 많은 아이들이 교실에 있다.

→ The child is putting his toys back in the box. 아이가 상자에 그의 장난감을 다시 넣고 있는 중이다.

3. 제시어 – man / so that

→ The men are doing tests so that they can find some new medicine.
남자들은 새로운 약을 개발하기 위해서 실험을 하고 있는 중이다.

→ The man is making a shopping list so that he can remember everything he needs from the store.
남자는 가게에서 필요한 모든 것을 기억하기 위해 쇼핑 목록을 작성하고 있는 중이다.

영작 연습하기
●정답은 해설집에서 확인

1. [woman / carry] 한 여자가 상자를 옮기고 있는 중이다.
→

2. [give / in] 그는 회의실에서 프레젠테이션을 하고 있는 중이다.
→

3. [go / with] 한 남자가 그의 동료들과 함께 위층으로 올라가는 중이다.
→

4. [listen / behind] 한 무리의 사람들이 책상 뒤에 있는 남자의 얘기를 듣고 있는 중이다.
→

5. [watch / display] 많은 시계들이 선반에 진열되어 있다.
→

반드시 사진과 어울리는 문장을 쓴다.

사진과 반드시 어울리는 문장을 써야 한다. 사진 속의 보이지 않는 일들을 지나치게 가정해서 쓰지 않는다. 인물 사진의 경우 그 인물의 기분을 묘사하기보다는 보이는 행동들을 묘사하자.

Example

woman / in

- The woman will be tired in the office. (❌)
  여자는 사무실에서 피곤할 것이다.
- The man had lunch with the woman in the office. (❌)
  남자는 사무실에서 여자와 점심을 먹었다.
- The woman is using a computer to finish her work in the office. (◎)
  여자는 사무실에서 일을 마치기 위해 컴퓨터를 사용하고 있는 중이다.

주어와 동사의 수 일치

어려운 문법 사용보다는 수 일치나 관사 쓰기와 같은 기본 문장 구조에 신경을 쓰도록 한다. 가장 쉽지만 학생들이 많이 틀리는 문법이다. 주격 관계대명사를 사용할 경우 특히 주의해야 한다.

- There is some people in the classroom. (❌)
- There are some people in the classroom. (◎)
  교실에 몇 명의 사람들이 있다.
- A woman is explaining some rules to the people who is sitting for an interview. (❌)
- A woman is explaining some rules to the people who are sitting for an interview. (◎)
  한 여자가 면접을 보기 위해 앉아 있는 사람들에게 몇 가지 규칙을 설명하고 있는 중이다.

사람/사물 주어에 맞춰 능동/수동을 활용한다.

사진에 사물이 보일 경우 수동태를 써야 할 확률이 높다. 최근에는 사물 중심의 사진들이 많이 나오고 있다. 주어에 따라 능동/수동을 자유자재로 묘사한다.

- A lot of flowers are displayed on the wall.
  많은 꽃들이 벽에 진열되어 있다.
- Two women are displaying some flowers on the wall.
  두 명의 여자가 벽에 꽃들을 진열하고 있는 중이다.

명사 앞에 관사를 쓰는 것을 기억하자.

항상 명사 앞에 관사를 쓰는 습관을 갖도록 하자. 예외적으로 관사를 쓰지 않거나 셀 수 없는 것들은 개별적으로 꼭 암기해두자. 셀 수 없는 불가산 명사는 다음 문장으로 이어질 때도 복수 형태로 쓰지 않는 점을 기억하자.

- They are waiting for their luggage because it hasn't arrived yet.
  그들은 아직 그들의 짐이 도착하지 않았기 때문에 그것을 기다리고 있는 중이다.

- The woman is talking on the phone to get some advice.
  여자는 조언을 얻기 위해서 전화 통화를 하고 있는 중이다.

- A lot of people are scheduled to attend the staff gathering tomorrow.
  많은 사람들이 내일 직원 모임에 참석할 예정이다.

기출 불가산 명사

기출 불가산 명사는 Part 1 사진 묘사뿐만 아니라 Part 2 이메일 쓰기, Part 3 에세이 쓰기에서도 모두 사용되기 때문에 꼼꼼하게 암기해두자. 불가산 명사는 단수 취급한다는 것을 꼭 기억해야 한다.

단어	뜻	단어	뜻
jewelry	보석류	equipment	장비
machinery	기계류	staff	직원
advice	조언, 충고	furniture	가구
luggage	짐, 수화물	vocabulary	어휘
baggage	짐, 수화물	information	정보
news	소식	knowledge	지식
merchandise	상품	mail	우편물
scenery	풍경	experience	경험

- A woman is looking at some jewelry. 한 여자가 보석류를 보고 있는 중이다.

- There is a lot of machinery in the building. 건물에 기계류가 많이 있다.

- He is listening to his friend's advice. 그는 그의 친구의 조언을 듣고 있는 중이다.

- There is a lot of luggage at the airport, and people are looking at it.
  공항에 짐이 많이 있고, 사람들은 그것을 바라보고 있다.

- A man is checking a lot of equipment. 한 남자가 많은 장비를 확인하고 있는 중이다.

- There is a lot of staff in the company. 회사에는 직원들이 많이 있다.

- A man is going shopping to buy some furniture from the department store.
  한 남자가 백화점에서 몇 가지 가구를 구입하기 위해 쇼핑하러 가고 있다.

1 자주 등장하는 제시어 접속사를 잘 활용하자.

접속사는 뒤에 [주어+동사]가 오는 구조가 가장 일반적이고, 부사절 접속사와 등위 접속사 문제가 대부분 출제된다. 뜻을 정확하게 알아두고 활용하는 연습을 해두자.

⇨ 등위/종속 접속사는 기본적으로 뒤에 [주어 + 동사]가 오도록 영작한다.
⇨ 반드시 주절이 있어야 한다.

자주 출제되는 접속사

이유(왜냐하면)	because, as, since
시간	when(~할 때), as long as(~ 하는 한), until(~까지), while(~ 동안), before(~ 전에), after(~ 후에), as soon as(~하자마자)
목적(~하기 위해서)	so that, in order that
조건	if(만약 ~라면), unless(~하지 않으면)
양보 접속사(비록 ~일지라도)	although, though, even if, even though
등위 접속사	and(그리고), but(그러나), so(그래서)

2 so that과 so ~ that의 용법

* **S + V so that S can + 동사원형**

→ A man is standing in line <u>so that</u> he <u>can</u> order some food.

→ A woman wearing glasses is studying <u>so that</u> she <u>can</u> study abroad.

* **so ~ that**

so 형용사/부사 that 주어 can't = too 형용사/부사 to: 너무 ~해서 …할 수 없다

→ He is so busy that he can't have lunch.

→ He is too busy to have lunch.

한 남자가 음식을 주문하기 위해서 줄을 서 있다.

안경을 낀 여자가 해외 유학을 하기 위해서 공부하고 있는 중이다.

그는 너무 바빠서 점심을 먹을 수 없다.

TOEIC Writing에서 자주 출제되는 유형들만 묶어 명쾌하게 설명한 핵심 정리!
총 7개의 공략 포인트만 익히면 TOEIC Writing의 기본이 잡혀요.

TOEIC Writing

so 형용사/부사 that 주어 + 동사 : 너무 ~해서 …하다

→ He is so busy that he works overtime.

그는 너무 바빠서 잔업한다.

so 형용사/부사 that 주어 + can : 매우 ~해서 …할 수 있다

→ He is so smart that he can go to school.

그는 매우 똑똑해서 학교에 갈 수 있다.

③ unless 안에는 부정이 포함되어 있다.

→ Unless the man prepares for the presentation, he won't get a promotion.

그 남자는 프레젠테이션을 준비하지 않으면, 승진을 하지 못할 것이다.

→ He will not finish his task unless he works overtime.

그는 잔업을 하지 않는다면 일을 마치지 못할 것이다.

④ 접속사 응용 예문

* [because / study]

→ She is studying hard because she has an important exam.

그녀는 중요한 시험이 있기 때문에 공부를 열심히 하고 있는 중이다.

* [as / man]

→ The man is buying a present for his wife as it is their anniversary soon.

그 남자는 곧 그들의 기념일이기 때문에 아내를 위해 선물을 사고 있는 중이다.

* [as long as / open]

→ The shop remains open as long as there are customers.

가게는 손님들이 있는 한 계속 문을 연다.

* [listen / while]

→ He is listening to music while jogging.

그는 조깅하는 동안 음악을 듣고 있는 중이다.

* [talk / after]

→ They are talking to each other after class.

그들은 수업 후에 서로 이야기 중이다.

영작 연습하기

1. [until / finish] 그들은 일을 마칠 때까지 사무실에서 일을 해야 한다.
→

2. [while / on] 한 남자가 인터넷에서 정보를 찾고 있는 동안 한 여자는 저녁을 요리하고 있는 중이다.
→

3. [wait / so that] 사람들이 다른 장소로 가기 위해서 지하철을 기다리고 있는 중이다.
→

4. [while / in] 여자가 사무실에서 일하는 동안 전화로 얘기하고 있는 중이다.
→

5. [because / people] 사람들은 그들의 비행기가 막 도착했기 때문에 짐을 기다리고 있는 중이다.
→

6. [as long as / look] 재킷의 색깔이 그녀에게 잘 어울리는 한 그녀는 그것을 살 수 있다.
→

7. [since / get] 학생들은 버스를 타기를 원하기 때문에 줄을 서서 기다리고 있다.
→

8. [as / smile] 남자가 재미있는 비디오를 보여주고 있기 때문에 여자는 웃고 있는 중이다.
→

9. [after / order] 그들은 메뉴를 본 후에 음식을 주문할 것이다.
→

10. [as / read] 그들은 새로운 음식을 만들기 원하기 때문에 요리책을 읽고 있는 중이다.
→

---

5 **답변 필수 요소 - 쉬운 문법으로 긴 문장 만들기**

1. **분사를 이용한 사람의 상태/동작 표현**

→ A woman <u>wearing</u> a red skirt is going to the library.

→ A woman <u>riding</u> a bicycle is going to the library.

현재분사(동사원형+-ing)를 이용해서 사람의 동작이나 입고 있는 옷이나 액세서리를 묘사해준다.

빨간색 치마를 입은 여자가 도서관으로 가고 있는 중이다.

자전거를 타고 있는 여자가 도서관으로 가고 있는 중이다.

2. to부정사를 이용하여 목적 설명하기
   – to+동사원형 = in order to+동사원형

→ A woman is going to the library <u>to meet</u> her friend.

→ A woman is going to the library <u>to prepare for</u> a test.

한 여자가 친구를 만나기 위해서 도서관으로 가고 있는 중이다.

한 여자가 시험을 준비하기 위해서 도서관에 가고 있는 중이다.

to부정사의 부사적 용법 중 목적 용법을 이용해서 상황을 더 구체적으로 설명한다. 실수를 줄이고 상황을 묘사하는 좋은 방법이다.

3. 관계대명사 활용하기 – 주격 / 목적격 / 소유격

→ A woman is going to the library to meet her friend <u>who will study abroad next month</u>.

→ A woman is going to the library to meet her friend <u>who got a job last month</u>.

→ A lot of students are studying in the library because they want to work for companies <u>which they want to work for</u>.

→ The man carrying a bag is talking to his boss <u>who came from the U.S.</u> to take a day off.

→ A man is talking to a woman <u>whose mother is a nurse</u>.

한 여자가 다음달에 해외 유학을 떠날 친구를 만나기 위해서 도서관에 가는 중이다.

한 여자가 지난달 취업을 한 그녀의 친구를 만나기 위해서 도서관에 가는 중이다.

많은 학생들은 그들이 일하길 원하는 회사에서 일하기 위해서 도서관에서 공부하고 있는 중이다.

가방을 든 남자가 하루 휴가를 받기 위해서 미국에서 온 그의 사장과 얘기 중이다.

한 남자는 엄마가 간호사인 여자와 얘기하고 있는 중이다.

관계대명사를 사용하면 특정 인물이나 대상에 대해 구체적으로 묘사할 수 있다. 특히 주격 관계대명사일 때는 선행사와 관계사 뒤의 동사를 시제/인칭에 맞도록 써준다.

4. 분사, 부정사, 관계대명사가 모두 들어간 자세한 문장 만들기

→ A woman wearing a red skirt is going to a library to meet her friend who will study abroad.

빨간색 치마를 입은 여자가 해외 유학을 갈 친구를 만나기 위해서 도서관에 가고 있는 중이다.

---

6 답변 필수 요소 – 자주 언급되는 사진 유형

사진 묘사에서 가장 중요한 것은 사진 동작을 묘사하는 것이다. 장소별로 흔하게 쓰이는 표현을 익혀두자.

실내 장소

1. 건물 내 계단, 회사, 사무실, 회의실

→ Two women are going downstairs to attend a meeting.

→ The children are going upstairs side by side.

→ A man is sitting on the stairs to talk on the phone.

→ The audience members are looking at the speaker in front of them.

→ A man is explaining a chart in the conference room.

→ The staff members are drinking coffee together after the meeting.

→ A man is testing a microphone so that he can start a presentation.

두 명의 여자들이 회의에 참석하기 위해 아래층으로 내려가고 있다.

어린이들이 나란히 위층으로 올라가고 있는 중이다.

한 남자가 전화 통화를 하기 위해서 계단에 앉아 있다.

청중들이 그들 앞에 있는 연설가를 바라보고 있다.

한 남자가 회의실에서 차트를 설명하고 있는 중이다.

직원들이 회의 후에 함께 커피를 마시고 있는 중이다.

한 남자가 프레젠테이션을 시작하기 위해서 마이크를 확인하고 있는 중이다.

2. 공장 내부

→ There are many machines in the factory.

→ People who work in factories are wearing safety helmets.

→ People are moving the boxes to the factory before starting work.

→ All of the workers inside the factory are wearing steel-toe boots.

공장에 기계들이 많이 있다.

공장에서 일하는 사람들이 안전모를 쓰고 있다.

사람들이 일을 시작하기 전에 공장으로 상자들을 옮기고 있는 중이다.

공장 안에 있는 모든 근로자는 철제 부츠를 신고 있다.

3. 마트, 상점

→ A woman is looking at a fruit section to buy an apple.

→ Many people are lining up to pay at the market before they go home.

→ Many of the shops have a sale at this time of the year.

→ The man is pushing his shopping cart around the market.

한 여자가 사과를 사기 위해 과일 코너를 보고 있는 중이다.

많은 사람들이 집에 가기 전에 마트에서 계산을 하기 위해 줄 서 있는 중이다.

많은 가게들이 매년 이맘때 세일을 한다.

그 남자는 마트 이리저리 쇼핑 카트를 밀고 있는 중이다.

4. 집 거실

→ A couple are watching a movie on their laptop in the living room.

→ A man is reading a newspaper in the living room before going to work.

한 커플이 거실에서 노트북으로 영화를 보고 있는 중이다.

한 남자가 출근하기 전에 거실에서 신문을 읽고 있는 중이다.

→ The children are playing a board game in the living room.

→ There are toys scattered all over the living room.

아이들이 거실에서 보드 게임을 하고 있는 중이다.

거실에 장난감들이 여기저기 흩어져 있다.

5. 공항

→ A lot of people have gathered in the airport to pick up their luggage.

→ There are a lot of people looking around at the airport duty-free shops.

→ A man carrying a bag is waiting to board the plane.

→ The plane is on the runway ready to take off.

많은 사람들이 그들의 짐을 찾기 위해 공항에 모여들었다.

공항 면세점에서 둘러보는 많은 사람들이 있다.

가방을 멘 한 남자가 비행기를 타기 위해 기다리고 있는 중이다.

비행기는 활주로에서 이륙 준비를 하고 있다.

<u>실외 장소</u>
1. 공원, 경기장

→ They are having a picnic in the park.

→ Many people are going jogging in this park.

→ There are many people in the park to see the cherry blossom.

→ The stadium is full because this is one of the most important games of the season.

→ Many people buy hot dogs and beer to enjoy while watching the game (at the stadium).

그들은 공원에서 소풍 중이다.

많은 사람들이 이 공원에서 조깅을 하는 중이다.

많은 사람들이 벚꽃을 보기 위해 공원에 있다.

이번이 올 시즌 가장 중요한 경기 중 하나이기 때문에 경기장이 꽉 차 있다.

많은 사람들이 (경기장에서) 경기를 보면서 즐길 핫도그와 맥주를 산다.

2. 주차장, 도로

→ There are many cars in the parking lot.

→ This street is one-way only.

→ The road is blocked because of a car accident.

→ The double lines indicate that no parking is allowed.

주차장에 차들이 많이 있다.

이 거리는 일방통행이다.

도로가 교통사고로 막혀 있다.

복선은 주차가 허용되지 않음을 나타낸다.

3. 항구

→ This is one of the busiest ports in the world.

→ This port is popular with tourists.

→ There are many people at the port to wave goodbye to the ship.

→ There was no space at the port for them to unload their cargo.

이곳은 세계에서 가장 분주한 항구 중 하나이다.

이 항구는 관광객들에게 인기있다.

많은 사람들이 배에 작별을 고하기 위해 항구에 있다.

항구에 그들의 짐을 내릴 공간이 없었다.

---

7 **만점 패턴 연습하기**

There is + 단수 명사 / There are + 복수 명사

예문 There are many flowers on the street.
There is a fish in the fish tank.

~이 있다

거리에 꽃들이 많이 있다.

어항에 물고기 한 마리가 있다.

영작 연습하기

● 정답은 해설집에서 확인

1. 선반에 다양한 종류의 펜이 있다.

→

2. 공원에 벤치가 많이 있지만, 앉아 있는 사람들이 없다.

→

3. 공원에 강아지와 함께 걷고 있는 여자가 한 명 있다.

→

의문사 + to부정사 (when/where/what/how + to 동사원형)

예문 A man is teaching a child how to ride a bike.
A woman is telling her colleagues when to start the meeting.

한 남자가 아이에게 자전거 타는 방법을 가르치고 있다.

한 여자가 동료들에게 회의가 언제 시작하는지 말해 주고 있다.

영작 연습하기

● 정답은 해설집에서 확인

1. 한 남자가 어디로 가야 할지 몰라서 지도를 확인하고 있는 중이다.

→

2. 가이드가 도서관을 이용하는 방법을 아이들에게 설명하고 있는 중이다.

→

3. 그는 어디서 면접을 보는지 확인하기 위해서 전화를 걸고 있는 중이다.

→

am/are/is -ing

~하고 있는 중이다

예문 They're arranging the tables for dinner.
The man pushing the shopping cart is picking an apple.

그들은 저녁을 위해 테이블을 정리
하고 있는 중이다.

쇼핑 카트를 밀고 있는 그 남자는 사
과를 집어올리고 있다.

영작 연습하기
●정답은 해설집에서 확인

1. 한 남자가 바닥을 진공청소기로 청소하고 있는 중이다.

→

2. 그들은 그들의 결혼식을 위한 장소를 고르고 있는 중이다.

→

3. 그녀는 친구의 생일을 위해 선물을 사고 있는 중이다.

→

명사(주어)＋(현재분사/과거분사 구)＋동사

예문 The man (who is) wearing a suit is going upstairs to give a presentation.
The boxes (which are) piled up next to the car is being moved.

정장을 입은 그 남자는 프레젠테이
션을 하기 위해 위층으로 올라가고
있는 중이다.

차 옆에 쌓여 있는 상자들이 옮겨지
고 있다.

영작 연습하기
●정답은 해설집에서 확인

1. 4개의 테이블 주변에 배열된 나무 의자들이 몇 개 있다.

→

2. 선글라스를 낀 여자가 카메라로 사진을 찍고 있는 중이다.

→

3. 나무들 앞에 주차된 스쿠터들이 많이 있다.

→

TOEIC Writing

Directions: Write ONE sentence that is based on the picture using the TWO words or phrases under it. You may change the forms of the words and you may use them in any order.

woman / bicycle

아쉬운 답변

❶ woman ride a bicycle.

❷ A woman is riding bicycle in the road.

❸ A woman is rideing a bicycle in this morning.

첨삭 노트

❶ A woman is riding a bicycle.

❷ A woman is riding a bicycle on the road.

❸ A woman is riding a bicycle in the morning.

⇨ 명사 앞에 관사를 쓰는 것을 잊지 마세요.

⇨ 진행중인 동작은 be -ing 형태로 쓰세요.

⇨ ride / come / bite 등 e로 끝나는 단어는 e를 지우고 -ing를 붙입니다.
　　예 riding / coming / biting

필수 어휘

on the road 거리에서　in the morning 아침에　this morning 오늘 아침에

✏ 만점 답변

- A woman is talking on the phone while riding a bicycle on the road.
- A woman carrying a bag is riding a bicycle while talking on the phone.
- A woman is riding a bicycle to go to work.

▶ 215페이지

1대 1 맞춤 과외 방식의 첨삭 노트로 나의 문제점을 진단해봅니다!
모범 답안으로 확실하게 실력을 올리세요.

TOEIC Writing

TOEIC Writing

Directions: Write ONE sentence that is based on the picture using the TWO words or phrases under it. You may change the forms of the words and you may use them in any order.

talk / report

아쉬운 답변	❶ They talk report.
	❷ Two people are talking the report.
	❸ A man is talking about the report with woman.

첨삭 노트	❶ They <u>are talking about</u> the report.
	❷ <u>Three people, a man and two women,</u> are talking <u>about</u> the report.
	❸ A man is talking <u>to women about the report</u>.

⇨ 진행중인 동작은 be -ing로 묘사해주세요.

⇨ 명사 앞에 반드시 관사를 쓰세요.

⇨ 사람 수를 명시하는 것은 좋지만 보다 더 구체적으로 표현해주세요. 위의 그림처럼 세 명이 있다면 Three people, a man and two women, are talking ~으로 쓰면 더욱 구체적인 표현이 됩니다.

필수 어휘	talk about ~ 에 대해 얘기하다

✎ 만점 답변

- Three people are talking about the report together.
- One of the women is talking to the man who is pointing at the report.

▶ 215페이지

TOEIC Writing   Question 1

Directions: Write ONE sentence that is based on the picture using the TWO words or phrases under it. You may change the forms of the words and you may use them in any order.

display / in

●모범 답안은 216페이지에서 확인

TOEIC Writing   Question 2

Directions: Write ONE sentence that is based on the picture using the TWO words or phrases under it. You may change the forms of the words and you may use them in any order.

look / basket

●모범 답안은 216페이지에서 확인

TOEIC Writing   Question 3

Directions: Write ONE sentence that is based on the picture using the TWO words or phrases under it. You may change the forms of the words and you may use them in any order.

luggage / because

●모범 답안은 217페이지에서 확인

TOEIC Writing　　　　　　　　　　　Question 4　　　　

Directions: Write ONE sentence that is based on the picture using the TWO words or phrases under it. You may change the forms of the words and you may use them in any order.

open / in order to

● 모범 답안은 217페이지에서 확인

TOEIC Writing   **Question 5**

Directions: Write ONE sentence that is based on the picture using the TWO words or phrases under it. You may change the forms of the words and you may use them in any order.

woman / on

●모범 답안은 218페이지에서 확인

TOEIC Writing   Question 6

Directions: Write ONE sentence that is based on the picture using the TWO words or phrases under it. You may change the forms of the words and you may use them in any order.

choose / woman

● 모범 답안은 218페이지에서 확인

Q&A 사진 묘사

1 ## Speaking 시험처럼 답변 준비 시간이 있나요?

토익 Writing 시험에서는 답변 준비 시간 없이 문제를 보여주는 바로 그 순간부터 시험이 시작됩니다. 각각 주어진 시간이 다르니 시간 관리를 잘해야 합니다.

2 ## 한 문제당 8분을 주나요?

총 시간 8분. 한 문제당 1분 30초 안에 문장을 만들어야 합니다. 나머지 30초 동안 Key words가 제대로 다 들어갔는지 확인하세요.

3 ## Key words 위치를 바꾸면 안 되나요?

Key words의 위치는 변동 가능합니다. 더불어 시제, 단수, 복수, 진행형 등 형태 변형이 모두 가능합니다.

> **Example**
>
>
>
> **woman / talk**
>
> • Two women are talking about the report.
> 두 명의 여자가 보고서에 대해서 얘기하고 있는 중이다.
>
> • A woman is talking to her co-worker about the report.
> 한 여자가 보고서에 대해서 그녀의 동료와 얘기하고 있는 중이다.

4 ## 길게 쓰면 추가 점수를 받을 수 있나요?

길게 쓴다고 해서 추가 점수는 따로 없습니다. 제시어 2개를 사진과 어울리게 한 문장을 만드시면 됩니다. Part 1 사진 묘사에서는 길게 쓰기보다는 정확하게 쓰는 것에 초점을 두시면 좋은 점수를 받을 수 있습니다.

5 ## 전혀 감이 안 오는 사진이 등장하면 어떻게 하나요?

5개의 사진을 8분 안에 자유자재로 볼 수 있고 수정 가능합니다. 문장을 만들 수 있는 사진부터 시작하세요. 하지만 꼭 다시 검토하면서 제시된 Key words를 확인하고 만들지 못했던 문제를 만들어야 합니다.

6 ## 주의해야 할 사진이 있나요?

대부분 사람이 주인공인 사진이 나오는데 종종 사물 중심의 사진이 나오면 더욱 신경을 써야 합니다. 사물 중심의 사진이 나온다면 수동형을 써야 할 가능성이 높습니다. 더 집중해서 생각하도록 합니다.

PART 2

Respond to
a Written Request

● **미리보기**

TOEIC Writing Test

Questions 6 -7: Respond to a written request.

Directions: In this part of the test, you will show how well you can write a response to an e-mail.

Your response will be scored on
- The quality and variety of your sentences,
- Vocabulary, and
- Organization.

You will have 10 minutes to read and answer each e-mail.
Click on Continue to go on.

Continue 버튼을 누르면 두 번째 화면에 여섯 번째 문제가 나온다.

● **개요**

문제 수	답변 준비 시간	답변 시간	시간 활용	점수	평가 기준
2개 Questions 6–7	없음	**20**분	문제당 10분씩	**0-4**점	– 글의 전체적 구성 – 다양한 어휘

시험을 보는 데 반드시 필요한 정보만을 모았습니다!
각 파트의 특징과 답변 전략을 한눈에 파악할 수 있어요.

TOEIC Writing

이메일 답장 쓰기 전략

1단계 이메일을 처음부터 정독해서 읽는다. 내용에 대한 독해가 잘 되지 않을수록 더욱 꼼꼼하게 정독해서 읽어본다. 2~3분의 시간은 문제 읽기에 써도 괜찮다. 문제 해석이 제대로 이루어지지 않으면 답변이 틀리게 되어 좋은 성적을 얻을 수 없다.

2단계 Directions를 확인한다. 보통 question / request와 같은 문제가 많이 출제되지만 최근에는 어떤 절차나 과정을 설명(explain the step / report the procedure / give information)하는 문제가 나와서 수험자들을 당황하게 하는 경우가 있다. Directions를 정확히 파악하는 게 핵심이다.

3단계 이메일 형식대로 쓰려고 노력하고, 이메일을 쓴 후에는 꼭 Directions 내용을 확인한다. Directions에서 요구한 내용을 포함시키지 않고 다른 이야기만 길다면 좋은 점수를 얻을 수 없다. Directions의 요구 사항이 모두 포함되었는지 확인 후 철자와 인칭, 시제 같은 문법을 다시 한 번 확인해본다.

4단계 문제당 1~2분 남았을 때 내용을 전체적으로 수정하려고 해서는 안 된다. 1~2분의 시간이 남은 상태에서 아이디어를 바꾸거나 문장을 통째로 다시 쓰려고 하면 당황해서 잘 써지지 않는다. 연습할 때 항상 문제당 8분의 시간을 주고 연습해본다. 나머지 1~2분은 Directions와 철자, 문법 점검의 시간을 보내도록 한다.

구성 및 배점표

평가 기준	문장의 질과 다양성 / 다양한 어휘력 구사 / 이메일 문장 간의 구성력	
시간	20분	
	0~4점	
점수	**4**점	논리적으로 의견이 구성되고, 의견 간 흐름이 정확함 이메일을 받는 사람을 고려한 어조, 언어 형태 사용 문법/어휘에 약간의 실수가 있어도 의미를 해치지 않음
	3점	지시사항 중 일부분은 논리적으로 연결되고, 의견 간 흐름이 정확함 이메일을 받는 사람을 고려한 응답 문법의 중대한 실수로 의미가 모호해짐
	2점	의견에 연관성이 없음 받는 사람을 고려하지 않은 응답 두 개 이상의 문장에서 문법/어법 오류
	1점	주제와의 연결성이 없거나 모호함 이메일 형식이 없음 문법/어휘 오류가 많음

문제를 꼼꼼하게 독해한다.

문제를 정확히 읽고 의도를 파악한 후 답장을 작성해야 고득점 답변을 작성할 수 있다. 불안한 마음에 문제를 대충 읽으면 좋은 답변을 작성할 수 없다. 총 10분의 시간 중에서 2~3분 정도는 충분히 독해하면서 시간을 소요해도 되며 독해 중에 모르는 단어가 나왔다고 해서 당황하지 말고, 앞뒤 문장을 잘 연결해서 의미를 찾아야 한다.

반드시 답변에 Directions 내용이 있어야 한다.

이메일을 독해한 후 바로 답을 쓰면 틀릴 확률이 매우 높다. 문제 아래에 있는 Directions 부분을 꼭 읽고, Directions의 내용이 답변에 포함되도록 해야 한다. Directions에는 보통 3개의 지시사항이 있다.

Example

Directions: Read the e-mail below.

FROM: Vision Publishing
TO: Customers
SUBJECT: Sales
SENT: February 5, 12:05 P.M.

We're Vision Publishing. We are planning to hold a big discount event at the Cosmo mall soon.
It will be better for you to book in advance. Only those who have applied in advance can enter the mall and purchase books. We will offer discounts of 5% to 30% on children's books, travel books, cookbooks, and other types of books. Call me if you're interested.

Directions: Respond to the e-mail. In your e-mail, ask TWO questions and make ONE request.

발신: 비전 출판사
수신: 고객
제목: 세일
발송: 2월 5일 오후 12시 5분

저희는 비전 출판사입니다. 출판사는 곧 코스모몰에서 대대적인 할인 행사를 열 계획입니다. 참여하실 분은 미리 예약을 하시는 게 좋습니다. 사전 신청하신 분만 몰 출입과 도서 구매가 가능합니다. 어린이 책, 여행 책, 요리 책 등을 5%에서 30%까지 할인해 드립니다. 관심 있으시면 전화주세요.

이메일에 답장하시오. 당신의 이메일에서 질문 2개와 요청 1개를 하시오.

실전에서 최대한 실수를 줄이고 고득점을 얻을 수 있는 방법을 소개합니다!
당장 실전에 써먹을 수 있는 만점 노하우만 모았어요.

TOEIC Writing

활용 포인트

Directions 종류

1. 제안하는 유형

* **Directions: Respond to the e-mail. In your e-mail, make THREE suggestions for ~.**
(이메일에 대한 대한 답장을 쓰시오. 당신의 이메일에서 ~에 대한 3개의 제안을 하시오.)

* **Directions: Make TWO proposals for ~ and ask ONE question.**
(~에 대한 2개의 제안과 1개의 질문을 하시오.)

이메일을 읽고 실제로 제안하는 상황을 만들어야 한다. 1개의 문제에 대해 3개의 항목을 제시하라는 문제는 난이도가 있는 유형이기 때문에 신경 써서 해야 한다. 이메일을 작성한 후 3개가 모두 들어갔는지 꼭 확인해야 한다. 무조건 길게 쓴다고 해서 좋은 점수가 나오지 않는다. 반드시 Directions의 요구 사항이 모두 들어가야 한다.

2. 질문 및 요청 유형

* **Directions: Ask at least TWO questions and make ONE request for information.**
(최소 2개의 질문을 하고 정보에 대해 1개의 요청을 하시오.)

가장 흔하게 나오는 유형이다. 질문을 하고 나서 질문한 내용에 대해 좀 더 자세한 정보를 요청하면 쉽게 써내려갈 수 있다. 어려운 질문을 쓰려고 하기보다 쉽고 간결한 질문을 써서 문법의 완성도를 높이자.

* **Directions: Describe[State] ONE reason why you can't ~ and make ONE suggestion.**
(당신이 ~할 수 없는 이유를 1개 설명하고 1개의 제안을 하시오.)

회사에서 주말에 일을 해야 해서 ~할 수 없는 이유를 설명하거나 혹은 다른 일정이 있어서 면접 요일 변경을 제안해야 하는 식의 문제가 종종 출제된다. 이런 유형 또한 납득이 가는 이유를 제시하는 것이 중요하다. 또한 이유를 길게 쓰다가 제안 사항을 빠뜨리는 경우도 있으니 마지막에 검토하는 것도 잊지 말자.

* **Directions: Explain THREE progresses to the manager.**
(매니저에게 3개의 진행 상황을 설명하시오.)

가끔 등장하는 유형으로 학생들이 가장 어려워하는 유형이다. 메일을 읽고, 상황에 맞게 진행하는 일을 만들고 설명해야 한다. 이메일의 내용과 상황을 고려하지 않고 암기한 내용을 그대로 쓴다면 연관성이 없기 때문에 좋은 점수를 얻을 수 없다. 예를 들어 상사의 은퇴식과 관련한 진행 상황을 알려달라는 문제라면 은퇴식과 연관이 있어야 한다. 당황하지 말고 이메일을 꼼꼼하게 독해하면 상황 파악에 도움이 된다.

● 이메일 형식에 맞게 쓰자.

개인적인 메모나 일기를 쓰듯이 쓰는 글이 아닌 비즈니스 이메일 쓰기 문제이다.

정식 이메일 형식이 아니더라도 Directions 내용이 충분히 포함되어 있다면 좋은 점수를 얻을 수 있다. 하지만 고득점을 받고 나중에 비즈니스 이메일을 잘 쓰고 싶다면 이메일 쓰기의 형식을 알아두면 훨씬 유용하다.

To whom it may concern, —— 받는 이 기입

I am e-mailing you in response to your e-mail regarding my recently purchased computer.
I've purchased other products from your company before and was very satisfied. When I bought your computer a month ago, it was working fine. But I have some problems with the computer now. First, it takes me a lot of time to turn on the computer. Second, I have to install new programs for my work, but I don't know how to do so. I'd appreciate it if you could come and teach me how to install new programs.
I look forward to hearing from you soon.

Thank you.
Elly —— 보내는 이 기입

관계자에게,

저는 제가 최근에 구입한 컴퓨터와 관련된 귀하의 이메일에 대해 답장을 보냅니다.
저는 전에 귀사에서 다른 제품들을 구입한 적이 있는데 매우 만족했었습니다. 한 달 전 컴퓨터를 샀을 때도 작동이 잘됐어요. 하지만 지금 컴퓨터에 문제가 있습니다. 첫째, 컴퓨터 전원을 켜는데 시간이 오래 걸립니다. 두 번째, 제 일을 위해 새 프로그램을 설치해야 하는데 방법을 모르겠습니다. 오셔서 저에게 새로운 프로그램을 설치하는 방법을 알려주시면 감사하겠습니다.
답장 기다리겠습니다.

감사합니다.
엘리

● 길게 쓴다고 무조건 좋은 답변이 아니다.

답변을 짧게 쓰면 낮은 점수의 답변일 것 같아서 불안해하는 수험자들이 많이 있는데, 메모나 일기처럼 간단하게 쓰면 틀린 답변이지만 이메일 형식에 맞게 Directions의 내용들이 모두 잘 들어가 있다면 좋은 답변이 될 수 있다. 이메일 답장을 완성한 후에는 반드시 Directions 내용이 포함되어 있는지 확인해야 한다.

● 비즈니스 이메일의 상황을 고려하여 정중한 답변을 쓰자.

Part 2의 모든 문제들은 비즈니스 이메일이다. 친구끼리 주고 받는 간단한 메시지나, 개인의 감정 위주로 쓰는 일기, 노트 필기 형식이 아니기 때문에 장난스런 이모티콘(^^/ kk / ^^:: / haha)이나 명령조의 어투는 삼가해야 한다. 또한 줄임말은 반말을 나타내기 때문에 이메일에서는 사용하지 않는다. (예시: plz. I wanna) 상대방의 기분이 상하지 않도록 최대한 공손하게 글을 작성해야 한다.

- Send me the file.^^ → Could you please send me the file?
그 파일을 저에게 보내주시겠어요?

- I wanna meet you. → I would like to meet you.
저는 귀하를 만나고 싶습니다.

- Can you help me? → Would it be possible to help me?
저를 도와주시는 게 가능할까요?

● 사소한 문법/철자 실수에 집착하지 말자.

이메일 답변을 작성하다 보면 철자, 관사의 실수를 많이 걱정하고 겁을 먹을 때가 있다. 이 부분이 채점에 결정적인 영향을 미치는 것은 아니기 때문에 내용의 구성에 더 신경 써야 한다. 물론 내용에 크게 영향을 주는 단어의 철자를 자주 틀리면 문제가 될 수 있지만, 내용상 의미를 해치지 않는 실수들은 크게 신경 쓰지 말고 Directions가 포함된 내용과 구성에 신경 써야 한다.

Hi, James,

Thank you for your e-mail regarding the photo club. I've been Interested in taking pictures since I was in university.
Could you tell me how to join your club? Also, I'd like to know how many meetings you will have a month. I know you have a big meeting with famous photographers and I really want to go there. Could you tell me where the meeting will be held?
I am looking forward to hearing from you.

Thanks.
Jane

안녕하세요, 제임스,

사진 클럽에 대한 이메일에 대해 감사드립니다. 저는 대학교 때부터 사진 찍는 것에 관심을 갖고 있었습니다.
사진 클럽에 가입하는 방법에 대해서 얘기해주실래요? 또한 저는 한 달에 몇 번 모임이 있는지 알고 싶습니다. 저는 그 클럽이 유명한 사진 작가들과 큰 모임을 갖는다는 것을 알고 있으며, 거기에 정말 가고 싶습니다. 그 모임이 어디서 열리는지 알려주시겠어요?
답장 기다릴게요.

감사합니다.
제인

① 이메일을 구성하는 필수 패턴

형식에 맞춰 글을 쓰기 위해 익혀두면 좋은 표현들이 있다. 무조건 아는 것들을 개인적인 메모를 하듯 기입해서는 안 되며, 비즈니스 이메일인 만큼 공손하고 목적이 분명한 글이 되어야 한다. 이메일을 영어로 써본 적이 없다면 아래의 패턴들을 모두 암기해서 연습해보자.

1. 시작 부분 ❶

이메일을 쓸 때 시작부터 아무런 언급 없이 지시사항을 쓰는 경우가 있다. 실제로 답장하듯이 써야, 읽는 이가 이해하기에 자연스럽고 예의 바른 답장이 될 수 있다. 아래의 패턴을 이용하여 이메일을 시작하면 고득점 답안이 될 수 있다.

This is in response to your e-mail regarding 명사.	(명사)에 관한 귀하의 이메일에 대한 답장입니다.
This is in response to your e-mail dated 날짜.	(날짜)에 보내신 귀하의 이메일에 대한 답장입니다.
This is in response to your e-mail dated 날짜 regarding 명사.	(명사)에 관하여 (날짜)에 보내신 귀하의 이메일에 대한 답장입니다.

예문 This is in response to your e-mail regarding the discount.
이것은 할인에 관한 귀하의 이메일에 대한 답장입니다.

This is in response to your e-mail regarding the new schedule.
이것은 새로운 스케줄에 관한 귀하의 이메일에 대한 답장입니다.

This is in response to your e-mail dated March 10th regarding the discount.
이것은 할인에 관하여 3월 10일에 보내신 귀하의 이메일에 대한 답장입니다.

해설 위의 형식에서 명사 자리에는 이메일에 나와 있는 subject의 내용을 써주면 된다.
가끔은 subject의 내용을 명사로 바꾸기 쉽지 않은 경우가 있다. 그럴 경우는 고민하지 말고 날짜를 이용한 표현을 활용하자.
날짜와 subject를 모두 언급하고 싶다면 한꺼번에 쓸 수 있다. 단, 패턴에 따라 순서를 정확히 쓰자.

Thank you for your e-mail regarding 명사.	(명사)에 관한 귀하의 이메일에 감사드립니다.
Thank you for your e-mail from 부서명.	(부서)에서 온 귀하의 이메일에 감사드립니다.

예문 Thank you for your e-mail regarding the new schedule.
새로운 스케줄에 관한 귀하의 이메일에 감사드립니다.

Thank you for your e-mail regarding the job opening for the overseas tour guide position.
해외 여행 가이드 일자리에 대한 귀하의 이메일에 감사드립니다.

TOEIC Writing에서 자주 출제되는 유형들만 묶어 명쾌하게 설명한 핵심 정리!
총 4개의 공략 포인트만 익히면 TOEIC Writing의 기본이 잡혀요.

TOEIC Writing

해설 받은 이메일에 대해서 고마움을 표시하는 것은 이메일을 시작할 때 언급하기 좋은 구문이다. 시험에 가장 많이 적용하게 될 부분이니 패턴을 암기해두자.

regarding 뒤에 이메일의 subject 내용을 써도 되고, 이메일 독해 후 적절한 명사 형태를 넣어도 된다.

마땅한 명사가 없을 경우 from을 이용하여 보낸 사람 이름 혹은 부서명을 넣어도 된다.

> I received your e-mail regarding 명사.
> I received your e-mail from 부서명.

(명사)에 관한 귀하의 이메일을 받았습니다.

(부서)에서 온 이메일을 받았습니다.

예문 I received your e-mail regarding the discount.
I received your e-mail from the Marketing Department.

할인에 관한 귀하의 이메일을 잘 받았습니다.

마케팅부에서 온 이메일을 잘 받았습니다.

해설 이메일을 시작할 때 고맙다는 얘기 대신 많이 쓰는 문장이다.

영작 연습하기

●정답은 해설집에서 확인

1. 이것은 3월 10일자 귀하의 이메일에 대한 답장입니다.

→

2. 고객서비스부에서 온 이메일에 감사드립니다.

→

3. 새로운 프로모션에 대한 귀하의 이메일을 받았습니다.

→

2. 시작 부분 ❷

이메일 쓰기를 시작할 때 가장 흔하게 하는 실수는 다짜고짜 Directions 의 내용부터 쓰는 것이다. 그럴 경우 고득점을 받을 수 없다. 실제 이메일을 쓰는 것처럼 작성해야 하며, 받는 사람이 볼 때 기분 좋은 이메일이 될 수 있도록 아래의 표현들을 사용해주면 좋은 점수를 얻을 수 있다.

> I am interested in 명사.
> I'd be honored to do.
> I'd be happy to do.
> It's my pleasure to do.
> It's a great honor to do.

저는 ~에 관심이 있습니다.

저는 ~하게 되어 영광입니다.

제가 ~하게 되어 기쁩니다.

~하게 되어 기쁩니다.

~하게 되어 영광입니다.

예문 I am happy to hear that you released new products.

I am interested in applying for your company.

I'd be honored to send my résumé.

It's a great honor for me to give a presentation.

신상품을 발매하셨다는 얘기를 들으니 기쁩니다.

귀사에 지원하는 데 관심이 있습니다.

제 이력서를 보내게 되어 영광입니다.

프레젠테이션을 하게 되어 영광입니다.

해설 이메일의 서두에 상대방에 대한 관심을 보여주거나, 감사하다는 말을 넣어주면 더욱 자연스럽게 문장을 이어 쓸 수 있다.

영작 연습하기

●정답은 해설집에서 확인

1. 귀하를 도울 수 있어서 기쁩니다.

→

2. 저는 작년부터 이 자리에 관심을 가지고 있었습니다.

→

3. 본론: Directions에 맞게 내용을 명시한다.

Directions에서 가장 잘 나오는 지시사항은 ask a question / give suggestions 등이다. 혹은 문제점에 대해 묘사하라는 것도 자주 등장한다. 그럴 때 아래의 표현을 사용하면 자연스럽게 설명할 수 있다.

I have a few[some] questions about 명사.

I'd like to ask some questions about 명사.

I'd like to give some suggestions about 명사.

~에 대해 몇 가지 질문이 있습니다.

~에 대해 몇 가지 질문을 하고 싶습니다.

~에 대해 몇 가지 제안을 하고 싶습니다.

예문 I have a few questions about the job opening. First, if I am hired, when will I start my job?

I'd like to give some suggestions about the parking lot.

그 공석에 대해 몇 가지 질문이 있습니다. 우선, 제가 만약 고용된다면 언제부터 일을 시작하게 될까요?

주차장에 관해서 몇 가지 제안이 있습니다.

해설 a few나 some 뒤에는 복수 명사가 와야 한다. 단수로 쓰지 않도록 주의하자.

suggestion은 주는 것이지 묻는 게 아니기 때문에 give some suggestions로 표현한다.

몇 가지를 제안하겠다고 했을 때는 한 가지만 제시해서는 안 된다. 1개의 질문이나 제안을 할 경우는 관사 a/an을 쓰도록 한다.

영작 연습하기

●정답은 해설집에서 확인

1. 저는 그 문제에 대해서 몇 가지 질문을 드리고 싶습니다.

→

2. 그가 언급한 프로젝트에 대해서 저는 몇 가지 제안을 드리고 싶습니다.

→

3. 제 예약에 대해 몇 가지 질문이 있습니다.

→

4. 맺음말

이메일을 잘 써놓고도 마무리를 제대로 못 하는 경우가 많다. 맺음말을 잘 이용한다면 더 짜임새 있는 실제 이메일 답장과 같은 느낌을 주어 고득점을 받을 수 있다. 아래의 표현 중 일부를 맺음말로 사용해보도록 하자.

I look forward to -ing / 명사.

예문 I look forward to your response.
I look forward to your prompt reply.
I look forward to hearing from you.

~을 기다리겠습니다.

답장 기다리겠습니다.
빠른 답장 기다리겠습니다.
귀하의 답장을 기다리겠습니다.

해설 look forward to -ing는 '~을 학수고대하다', 즉 '~에 대해서 기다리다'는 의미로 어떤 제안을 하거나 질문을 하고 답장을 꼭 달라는 뉘앙스를 담을 때 사용한다.

For further information, please feel free to do ~.

예문 For further information, please feel free to contact me.
For further information, please feel free to e-mail me.

더 많은 정보를 원하시면 편하게 ~하세요.

더 많은 정보를 원하시면 저에게 언제든 연락주세요.

더 많은 정보를 원하시면 저에게 이메일을 주세요.

해설 further는 '더 이상의, 추가의'의 의미이다. for further information은 '더 많은 정보를 위해'라는 뜻으로, 이메일 마지막에 추가 정보를 원하면 언제든 제공할 용의가 있다는 뜻을 나타낼 때 굉장히 많이 쓰는 표현이다.

If you have any questions, don't hesitate to do ~.

예문 If you have any questions, don't hesitate to e-mail me.
If you have any questions, don't hesitate to talk to me.

만약 질문이 있다면 주저 마시고 ~하세요.

만약 질문이 있으면 주저 마시고 제게 이메일을 주세요.

만약에 질문이 있으면 주저 말고 제게 얘기하세요.

해설 hesitate to 뒤에는 동사원형을 써야 한다. 굉장히 많이 활용하는 맺음말이므로 반드시 암기해두자.

영작 연습하기

● 정답은 해설집에서 확인

1. 귀하를 다시 뵙기를 기대합니다.

→

2. 더 많은 정보를 원하시면, 편하게 저에게 문자를 보내주세요.

→

3. 만약 질문이 있으시다면, 주저 말고 무슨 질문이든 물어보세요.

→

2 Directions(지시사항) 필수 패턴

이메일을 아무리 길게 써도 Directions에서 요구하는 사항이 하나라도 빠진다면 고득점 답안이 될 수 없다. 이메일을 읽을 때 반드시 Directions를 꼼꼼히 읽고 마무리 단계에서 확인을 해야 한다. Directions의 유형은 기본적으로 정해져 있으나, 최근에는 같은 말을 변형시켜서 수험자들을 혼란스럽게 하는 경우가 있으니, 아래의 패턴들을 암기해두자.

1. 제안하기

어떤 상황을 주고 그것에 대한 아이디어를 요청하거나 제안하는 문제는 매우 자주 출제된다. 제안을 할 때는 어려운 아이디어보다 간단하고 쉬운 내용을 제시하는 것이 좋다.

> **How about -ing? / What about -ing?**
>
> **It's a good idea to do ~.**

~하는 게 어때요?

~은 좋은 생각입니다.

예문 How about giving a presentation about his tasks?
It is a good idea to make a big sauna there for women.

그의 업무에 대한 프레젠테이션을 하는 게 어때요?

거기에 여성을 위한 대형 사우나를 만드는 건 좋은 생각입니다.

해설 How about -ing? 구문에서 -ing 혹은 명사를 써야 한다는 점을 잊지 않도록 한다.

Example

Directions: Respond to the e-mail. In your e-mail, make THREE suggestions for Peter's farewell party.

→ How about inviting his family to the party?

→ What about giving him a present?

→ It will be a good idea to have our firm's logo placed on the farewell gift.

→ I have a suggestion. If we give an award to him, he will be impressed.

지시사항: 이메일에 대한 답장을 하시오. 당신의 이메일에서 피터의 송별회에 대해 3개의 제안을 하시오.

그의 가족을 파티에 초대하는 게 어때요?

그에게 선물을 주는 게 어때요?

송별회 선물에 우리 회사 로고를 넣는 것은 좋은 아이디어가 될 거예요.

제안이 하나 있어요. 우리가 그에게 상을 주면 그가 감동할 거예요.

영작 연습하기

●정답은 해설집에서 확인

1. 직원들에게 재택 근무를 하라고 권장하는 것은 좋은 생각입니다.

→

2. 점심 시간 이후에 같이 산책을 하는 게 어때요?

→

2. 질문/요청하기

공부하다 보면 질문과 요청이 상당히 헷갈리게 된다. 질문은 이메일을 읽고 단순히 궁금한 사실을 묻는 거라면 요청은 받는 이에게 일거리를 주는 셈이다. 즉 상대방에게 뭔가를 해주기를 바라는 것이기 때문에 좀 더 공손하게 물어보면 좋다. 아래의 표현을 익혀두자.

＊ 질문 패턴

> **I am wondering if I can 동사원형 ~.**
> **I'd like to know if/how many 복수 명사 ~.**
> **Would it be possible to 동사원형 ~?**

> **예문** I am wondering if I can get a discount.
> I'd like to know if I can cancel the service at any time.
> Would it be possible for me to take my children there?

> **해설** Can I take my children there?도 나쁘지 않지만 비즈니스 이메일에서는 Would it be possible for me to ~? 라고 질문하면 보다 예의바른 표현이 된다.

~할 수 있는지 궁금합니다.

~한지/얼마나 많은 ~인지 알고 싶습니다.

~ 하는 게 가능할까요?

제가 할인을 받을 수 있는지 궁금합니다.

제가 언제든지 그 서비스를 취소할 수 있는지 알고 싶습니다.

제가 우리 아이들을 거기에 데려가는 게 가능할까요?

영작 연습하기

●정답은 해설집에서 확인

1. 제가 예약을 하는 것이 가능할까요?

→

2. 제가 직접 연락을 드려도 될지 알고 싶습니다.

→

＊ 요청 패턴

> **I'd appreciate it if you could 동사원형 ~.**
> **Can you kindly send me 명사?**

~해주시면 감사하겠습니다.

저에게 ~을 보내주시겠습니까?

I'd appreciate it if you could send me some information about the interview.

Would you kindly send me an invitation?

면접에 대한 정보를 제게 보내주시면 감사하겠습니다.

초대장을 제게 보내주시겠어요?

해설 I'd appreciate it ~에서 it을 빠뜨리지 않도록 주의하자.

kindly를 넣어서 좀 더 예의 바른 표현이 되게 하자.

Example

Directions: Ask at least TWO questions and make ONE request for this presentation.

지시사항: 이 프레젠테이션을 위해 최소 질문 2개와 1개의 요청을 하시오.

| 질문 응용 패턴 |

→ I am wondering if I can use your projector for this presentation.

제가 이번 프레젠테이션에서 프로젝터를 사용할 수 있는지 궁금합니다.

→ I'd like to know how many people will be there.

거기에 몇 명이 오는지 알고 싶습니다.

→ Would it be possible for me to give a presentation next Tuesday?

제가 다음 주 화요일에 프레젠테이션을 하는 게 가능할까요?

| 요청 응용 패턴 |

→ I'd appreciate it if you could send me more detailed information about the presentation.

프레젠테이션에 대한 좀더 자세한 정보를 저에게 보내주시면 감사하겠습니다.

→ Would you kindly send me a list of participants so that I can prepare for the presentation?

제가 프레젠테이션을 준비할 수 있도록 참석자 명단을 보내주시겠어요?

영작 연습하기

●정답은 해설집에서 확인

1. 제 구독을 지금 갱신해주시면 감사하겠습니다.

→

2. 어제 회의의 프레젠테이션 파일을 제게 보내주시겠어요?

→

③ 만점 패턴 연습

이메일 쓰기에서 고득점을 받고 싶다면 반드시 내용이 자연스럽게 이어지게 작성해야 한다. 즉 Directions의 요구사항을 단순히 나열하는 것만으로는 부족하다. 단, 적절한 숙어를 이용하면 한 가지 숙어로 여러 가지 상황이나 이유를 만들어 낼 수 있으니 너무 어렵게 생각할 필요는 없다.

Where is + 장소 + located? / I don't know where + 장소 + is located.

(장소)가 어디죠? / (장소)가 어디인지 모르겠어요.

예문 Where is your office located? I don't know how to get there.
I don't know where your shop is located.

당신의 사무실이 어디에 위치해 있어요? 거기에 어떻게 가는지 모르겠어요.

당신의 가게가 어디에 있는지 모르겠어요.

해설 지시사항에 질문을 하라는 내용이 있을 때. 마땅한 아이디어가 없다면 위치를 물어보도록 하자. 거의 모든 상황에 적용할 수 있는 훌륭한 질문이 된다.

Example

→ My cell phone is broken. I want to go to your service center, but I don't know where your service center is located.

제 핸드폰이 고장났습니다. 서비스 센터에 가고 싶은데 어디에 있는지 모르겠습니다.

[I don't know + 의문사 ~]의 구조에서 의문사 뒤에는 [주어+동사]의 어순이 되어야 한다는 점에 주의하자.

It takes + 시간 + to + 동사원형 ~.

~하는 데 시간이 걸립니다.

예문 It takes lots of time to finish this project.
How long does it take to go to your office by bus?
It doesn't take a lot of time to connect to the Internet.

이 프로젝트를 마치는 데 시간이 오래 걸립니다.

버스로 당신 사무실까지 가는 데 얼마나 걸리나요?

인터넷에 연결하는 데 많은 시간이 걸리지 않습니다.

해설 '시간이 걸린다'는 말은 이메일 작성 시 다양한 상황에서 요긴하게 활용할 수 있는 표현이므로 용법을 정확히 기억해두도록 하자.

Example

→ Where is your office located? I heard that you relocated your office last year. How long does it take to go there by bus?

사무실이 어디에 위치해 있어요? 작년에 이전했다는 얘기를 들었습니다. 버스로 가는 데 얼마나 걸리나요?

There is something wrong with + 명사.

~에 이상이 있습니다.

예문 There is something wrong with the file/the progress report.
There is nothing wrong with the progress report.

파일/경과 보고에 이상이 있습니다.

경과 보고에는 이상이 없습니다.

해설 부정문에서는 something을 쓸 수가 없다. 부정문에서는 anything 혹은 nothing을 써야 한다.

Example

→ I bought a computer there two months ago and it was working fine at first. However, there is something wrong with the computer now. When I turn on the computer, it takes too much time for it to start up.

제가 두 달 전에 거기서 컴퓨터를 샀는데 처음에는 작동이 잘됐어요. 그러나 지금은 컴퓨터에 이상이 있습니다. 컴퓨터를 켜면 시동하는 데 시간이 너무 오래 걸려요.

have trouble/difficulty -ing

예문 There is something wrong with my cell phone. I have trouble talking to my friend on the phone.
I have trouble using the camera because I couldn't find the manual.

해설 질문이나 요청 사항을 제시하기에 앞서 문제 상황을 보여줄 때 아주 요긴한 표현이다. 항상 –ing로 연결되고 trouble과 difficulty 앞에 관사를 쓰지 않는 점에 주의하자.

Example

→ I bought a program from your store, but I am unable to install it on my computer, so I have trouble working in my office. I'd appreciate it if you could check it.

have no problem -ing

예문 I have no problem having a conversation with foreigners.
I have no problem working here next weekend.

해설 본인의 능력을 설명하거나 할 수 있는 것을 이야기할 때 유용한 표현이다.

Example

→ My major is computer science, so I have no problem using the programs there.
→ I have no problems communicating with foreigners because I studied English to improve my speaking skills.

명사 앞에 no가 있으면 관사를 별도로 쓰지 않는다.

영작 연습하기
●정답은 해설집에서 확인

1. 이 보고서를 제시간에 끝내는 것은 큰 노력이 필요했습니다.

→

2. 그는 지원서를 온라인으로 제출하는 것을 어려워했습니다.

→

3. 저는 지하철이나 버스로 출퇴근하는 데 문제가 없습니다.

→

~하는 데 어려움이 있다

제 핸드폰에 이상이 있어요. 전화로 친구와 통화하는 데 어려움이 있습니다.

설명서를 찾을 수가 없어서 카메라를 사용하는 데 어려움이 있습니다.

제가 귀 매장에서 프로그램을 샀는데 컴퓨터에 설치할 수가 없습니다. 그래서 지금 일하는 데 어려움이 있어요. 확인해주시면 감사하겠습니다.

~하는 데 문제가 없다

저는 외국인과 대화하는 데 문제가 없습니다.

저는 여기서 다음 주말에 일하는 데 문제가 없습니다.

제 전공이 컴퓨터 공학이라서 거기서 프로그램을 사용하는 데 문제가 없습니다.

저는 제 말하기 능력을 개선하고자 영어 공부를 했기 때문에 외국인들과 의사소통 하는데 문제가 없어요.

4 자주 언급되는 상황 연습

시험에 바로 적용할 수 있는 상황별 스토리를 만들 때 필요한 주요 팁들을 정리했다.

* **일정 관련 (개인 업무 일정, 회의, 인터뷰, 프레젠테이션 등)**

→ I'd like to move my interview forward by about three days.

제 인터뷰를 3일 정도 앞당기고 싶습니다.

→ I'm sorry, but I can't give this presentation due to personal reasons.

죄송하지만 제가 개인 사정으로 이 프레젠테이션을 할 수가 없습니다.

→ The office is undergoing remodeling. I think it would be a good idea to proceed with this meeting by video.

사무실이 리모델링 중입니다. 이 회의를 화상으로 진행하는 게 좋을 것 같습니다.

→ I'd like to reserve a room in a restaurant where about 30 people can have lunch after a meeting.

회의 후 30명 정도가 점심 식사를 할 수 있는 식당의 방을 예약하고 싶습니다.

→ I'd like to know if I should have an English interview.

제가 영어 면접을 봐야 하는지 알고 싶습니다.

→ I'm working on the museum renovation project and the library mural project.

저는 박물관 수리 프로젝트와 도서관 벽화 프로젝트를 하고 있습니다.

* **교육 관련 (직원들을 위한 교육, 서비스 교육 등)**

→ Will the program cover all of the tuition or just part of it?

그 프로그램은 수업료의 전부 또는 일부를 부담하게 되나요?

→ How many classes am I allowed to take?

제가 몇 과목을 들을 수 있나요?

→ You should make sure that employees greet their customers well.

직원들이 고객들에게 인사를 잘 하도록 해야 합니다.

→ Why don't you hire a service instructor to train your employees to work happily?

직원들이 즐거운 마음으로 일하도록 서비스 전문 강사를 고용해서 교육을 하면 어떨까요?

* **비즈니스 수익 증대 관련 (상점 홍보, 이익 창출을 위한 아이디어)**

→ We need to improve the restaurant to attract new customers.

우리는 새로운 고객들을 끌어들이기 위해 레스토랑을 개선해야 합니다.

→ We should change the menu every season and have weekly specials.

우리는 매 시즌마다 메뉴를 바꾸고 매주 특별 메뉴를 두어야 합니다.

→ We would like to offer more opportunities for our customers to earn points for their purchases.

우리는 고객들이 그들의 구매에 대한 포인트를 쌓을 수 있는 기회를 더 많이 제공하고 싶습니다.

* **부동산 관련 (위치 설명, 집 구하기, 회사 이전, 상점 개업 등)**
  - → I'm looking for an apartment for a family of five.

    저는 5명의 가족이 거주할 아파트를 찾고 있습니다.
  - → Our company is planning to move out of town. It would be nice to have a commuter bus for employees to commute to and from work.

    우리 회사는 시외곽으로 이전을 할 계획입니다. 직원들의 출퇴근을 위해 통근 버스가 있으면 좋겠습니다.
  - → I'd like to open a store near the subway with a large floating population.

    유동 인구가 많은 지하철 근처에 가게를 열고 싶습니다.
  - → It would be a good idea to have a parking lot and a gym with sports facilities for employees.

    직원들을 위한 주차장과 운동 시설이 있으면 좋을 것 같습니다.
  - → I have children. I want to know if there are good daycare centers and schools nearby for children to attend.

    저는 자녀가 있습니다. 아이들이 다닐 수 있는 좋은 어린이집과 학교가 근처에 있는지 알고 싶습니다.
  - → Take the elevator to the second floor and then follow the signs to office 12A.

    엘리베이터를 타고 2층으로 가서 표지판을 따라 12A 사무실로 가요.

* **기계 고장 관련**

  (배터리, 개인용품, 주방기기, 사무기기 – 휴대폰, 컴퓨터, 팩스기, 냉장고)
  - → There's something wrong with our fax machine. I'd appreciate it if you could send someone to fix it as soon as possible.

    저희 팩스기에 이상이 있습니다. 가능한 빨리 사람을 보내서 수리해 주시면 감사하겠습니다.
  - → I'd like to get my cell phone repaired, so please tell me where the service center is.

    제가 휴대폰을 수리 받고 싶으니까, 서비스 센터가 어디에 있는지 알려 주세요.
  - → Every time I turn on my computer, it goes off.

    컴퓨터를 켤 때마다 전원이 꺼집니다.
  - → I'd like to have my refrigerator repaired. I'd like to know how much the repairs will cost after the warranty period ends.

    냉장고를 수리받고 싶습니다. 보증 기간이 끝나면 수리비가 얼마 나오는지 알고 싶어요.
  - → The cell phone battery runs out too quickly.

    휴대폰 배터리가 너무 금방 소모됩니다.

* **여행 관련 (출장, 가족 여행, 개인 여행)**
  - → I'd like to take a tour of the city during my business trip.

    출장 후에 시내 관광을 하고 싶습니다.
  - → I'm planning to go on a trip with my family. I'd like to know if you can pick us up at the airport for free.

    제가 가족과 여행을 갈 계획입니다. 저희를 공항에서 무료로 픽업해줄 수 있는지 알고 싶습니다.
  - → I'm going to travel alone for 3 days and 2 nights. I wonder if the hotel has a sauna. I'd like to go on a museum tour. Are there any museum package deals or similar activities you can recommend?

    저는 혼자서 2박 3일 여행을 할 예정입니다. 호텔에 사우나가 있는지 궁금합니다. 저는 박물관 투어를 하고 싶습니다. 추천할 만한 박물관 패키지 상품이나 비슷한 활동이 있나요?
  - → I'm going on a business trip to England. I'd like to stay at a hotel near the airport.

    제가 영국으로 출장을 갈 예정입니다. 공항 근처 호텔에 묵고 싶습니다.

→ I'm going to travel with my parents. Do you have any fishing and drinking programs for elderly people?

* **비용 납입 관련 (출장 비용, 전기세, 수도세, 아파트 관리비 등)**

→ Please let me know how I can get reimbursed for the money I spent during this business trip.

→ There was something wrong with my reservation when I went on a business trip to the U.S., so I couldn't stay at that hotel that the company booked for me. Do I have to pay for the room?

→ I couldn't pay the water bill last month. I'm going to pay it this month.

→ I'm moving into an apartment. I'd like to know how much the apartment maintenance fee is.

→ I didn't get the electricity bill last month. Is it possible for me to receive the bill by e-mail from now on?

저는 부모님과 함께 여행을 할 예정입니다. 노인분들을 위한 낚시와 마시기 프로그램이 있나요?

제가 이번 출장에서 사용한 비용을 어떻게 상환받을 수 있는지 알려주세요.

제가 미국으로 출장을 갔을 때 예약에 이상이 있어서 회사에서 예약을 해준 그 호텔에 투숙할 수 없었습니다. 제가 방값을 지불해야 하나요?

제가 수도세를 지난달에 납입하지 못했습니다. 이번달에 납입할 예정입니다.

제가 아파트로 이사할 예정입니다. 아파트 관리비가 얼마인지 알고 싶습니다.

제가 지난달 전기세 고지서를 받지 못했습니다. 제가 앞으로 이메일로 고지서를 받고 싶은데 가능한가요?

TOEIC Writing

Directions : Read the e-mail below.

From: SAO Computer Customer Service
To: New customer
Subject: Thank you
Sent: October 3, 11:20 A.M.

We would like to thank you for purchasing our computer.

We hope that you are satisfied with our product. If you have experienced any problems so far, please contact us via e-mail at SAassist@sao.com Thank you!

Directions: Respond to the e-mail as if you are a customer of SAO Computer Company. In your e-mail, describe TWO problems that you have had with the computer and make ONE request for information.

1대 1 맞춤 과외 방식의 첨삭 노트로 나의 문제점을 진단해봅니다!
모범 답안으로 확실하게 실력을 올리세요.

TOEIC Writing

아쉬운 답변

★ 2점 이하 답변

First, some programs can't install so I can't use it now. I have to finish my homework using this program. How can I do? Second, time takes much times when I turn on the computer. So I can't use the computer fast.

I can check your e-mail this afternoon.

첨삭 노트

❶ 이메일 형식이 전혀 없는 답변입니다. 반드시 시작할 때 받는 이와 마지막에 보내는 이를 명시해야 합니다. 이메일에서 받는 이와 보내는 이의 이름이 정확히 없는 경우 생략하는 경우도 있지만, 대부분은 형식에 맞춰야 합니다.

❷ Directions의 사항들이 모두 들어 있지 않습니다. 문제점은 2개 썼지만 요청사항이 없습니다. 반드시 Directions에서 요구하는 사항이 모두 들어가 있어야 높은 점수를 받을 수 있습니다.

❸ some programs can't install: 프로그램을 설치하는 주체는 나 자신이므로 본인을 주어로 쓰면 쉽고 정확한 문장이 됩니다.

　→ I can't install some programs

❹ time takes much times는 수정해야 합니다. [It takes＋시간＋to＋동사원형]의 패턴을 기억해야 합니다.

　→ It takes a lot of time to turn on the computer.

To whom it may concern,

This is in response to your e-mail dated October 3rd regarding my recently purchased computer. When I bought your computer a month before, it is working fine, but I have some problem with the computer now. First, it takes me a lot of time to turn on the computer. Second, I can't install new programs. I don't know how to do so. Could you teach me how to install new programs?

Thank you.

첨삭 노트

❶ 기본적인 이메일 형식을 갖추고 있습니다.

❷ a month before가 아니라 a month ago입니다.

❸ When I bought your computer a month ago, it was working fine.입니다. 시제를 모두 과거로 일치시켜 주세요. 항상 시제에 신경 써서 일관성 있는 내용을 만들어주세요.

❹ I have some problems with the computer now.입니다. some problems라고 복수 형태로 표현 하세요.

❺ 좀 더 세련된 어휘와 표현을 쓴다면 좋겠지만 Directions에서 원하는 문제점 2개와 요청 사항이 모두 들어 가 있기 때문에 비교적 좋은 점수를 얻을 수 있는 답안입니다.

만점 답변

To whom it may concern,

This is in response to your e-mail dated October 3rd regarding my recently purchased computer.

I've purchased other products from your company before and was very satisfied. When I bought your computer a month ago, it was working fine, but I have some problems with the computer now. First, it takes a lot of time for the computer to start up, and then sometimes when it does turn on, it turns right off again. Second, I can't install new programs. I have to install new programs for my work, but I don't know how to do so.

I'd appreciate it if you could come and teach me how to install new programs.

I look forward to hearing from you soon.

Thank you.

▶ 220페이지

TOEIC Writing   **Question 1**

Directions: Read the e-mail below.

| From: John Hart (Joy Company) |
| To: New Employees |
| Subject: Welcome to work! |
| Sent: May 10, 1:30 P.M. |

Dear new employees,

We are happy to send you this welcome message.
We'd like to inform you that new employees will start work next Wednesday. Please feel free to inform us of any concerns you may have at the information desk on the first floor. Employees are expected to arrive at work no later than 9:00 A.M. A detailed company orientation is scheduled during lunch, so each employee should have lunch with his/her respective department. Please feel free to contact us should you have further questions. We look forward to seeing you next Wednesday.

Sincerely,
John Hart
Joy Company

Directions: Respond to the e-mail. In your e-mail, give TWO pieces of information and give ONE suggestion.

●모범 답안은 221페이지에서 확인

TOEIC Writing   Question 2

Directions: Read the e-mail below.

From: Go Green Environmental Group (GGEG)
To: Group Members
Subject: Opinion needed on recruiting GGEG volunteers
Sent: Jan. 15, 12:20 P.M.

Dear Go Green Environmental Group Members,

This e-mail is to inform you that although we have recruited new volunteers to GGEG, we have not yet reached our target number. We'd like to hear your opinions regarding this. Please share with us any methods for increasing the number of volunteers. All suggestions are welcome. Thank you.

Sincerely,
Go Green Environmental Group

Directions: Respond to the e-mail. In your e-mail, give ONE piece of information and TWO suggestions about increasing the number of volunteers.

● 모범 답안은 222페이지에서 확인

TOEIC Writing   Question 3

Directions: Read the e-mail below.

| From: Allison White |
| To: World Camera Company's Customer Service Center |
| Subject: Lost Instruction Manual |
| Sent: October 14, 9:20 A.M. |

To whom it may concern,

I purchased your camera two months ago. I love it, but I lost the instructions so I can't use it. What can I do to get another set of instructions? My brother's graduation is next week, and my family will be there. Please tell me how I can use this camera as soon as possible.

Thanks,
Allison White

Directions: Respond to the e-mail as if you are in charge of the Customer Service Center. Give TWO methods for finding the instructions and make ONE request for information.

●모범 답안은 223페이지에서 확인

TOEIC Writing
Question 4

Directions: Read the e-mail below.

| From: James Moon, ABC Company |
| To: Peter Smith |
| Subject: Regarding my transfer to your branch |
| Sent: April 11, 7:52 A.M. |

Dear Mr. Smith,

My name is James Moon, and I am scheduled to be transferred to your branch next month.
In order to adjust to the branch quickly, I'd like to request some information. I was wondering where the office is located and with how many coworkers I will be working.
I am looking forward to your reply.

Best wishes,
James Moon

Directions: Respond to the e-mail as if you are Peter. Give THREE pieces of information.

● 모범 답안은 224페이지에서 확인

TOEIC Writing   Question 5

Directions: Read the e-mail below.

From: Patrick Fischer, Head of Delivery at Beans & Betty Beverage Company
To: Nancy Chung
Subject: Delivery Problem
Sent: July 3, 9:04 A.M.

Dear Nancy Chung,

Thank you for your interest in ordering products from our company.
I am sorry, but the beverage that you ordered is out of stock now, so the delivery will take a few weeks. However, we have a lot of other popular beverages that people like. How about other drinks? If that is okay with you, we will send them to you right now. I am sorry for the inconvenience.

Thank you very much.

Patrick Fischer
Head of Delivery at Beans & Betty Beverage Company

Directions: Respond to the e-mail as if you are Nancy Chung. In your e-mail, give TWO pieces of information and make ONE suggestion.

● 모범 답안은 225페이지에서 확인하세요!

TOEIC Writing   **Question 6**

Directions: Read the e-mail below.

From: Daniel, Job Agency
To: Advertising List
Subject: Open Positions
Sent: April 23, 04:20 A.M.

Hi, our customers,

We regularly offer new positions to potential employees. If you are looking for a new job or want to change jobs in the future, please send us your résumé including your work experience. We will try to help you find a good job.
If you have any questions, feel free to contact us via e-mail.

Thanks,
Daniel
Job Agency

Directions: Respond to the e-mail as if you are looking for a job. In your e-mail, give THREE pieces of information about your career and your educational background.

●모범 답안은 226페이지에서 확인하세요!

Q&A 이메일 쓰기

1

이메일을 몇 분 안에 쓰는 건가요? ?

Part 2 이메일 쓰기 문제는 총 2문제/20분으로 구성되며 각각 10분씩 주어집니다. 한 문제당 10분씩이며 10분이 지나면 아무런 주의 메시지 없이 바로 다음 문제로 넘어갑니다. 8분 동안 자유롭게 사진을 바꿀 수 있는 사진 묘사와 달리 10분씩 정해져 있기 때문에 시간 관리가 중요합니다.

2

길게 쓰면 고득점을 받을 수 있나요?

길게 쓴다고 해서 좋은 이메일 답안은 절대 아닙니다. 보통 5~6줄의 길이라고 하지만 길이에 집착 하지 말고 이메일 형식에 맞게 써야 하며 반드시 Directions의 요구 사항이 모두 포함되어야 합니다. Directions에 따라 얼마나 자연스럽고 형식에 맞게 썼는지가 고득점의 포인트입니다.

3

한글을 칠 수 있나요?

한글 키는 작동하지 않고 영타만 칠 수 있습니다. 아이디어 정리를 하거나 잘 모르는 문장을 한글로 칠 수 없기 때문에 평소에도 영어 단어로 연상을 하고, 숙어를 암기하고 활용하는 연습을 충분히 해놓으세요.

4

전 영타가 느린데 어쩌죠?

이메일 쓰기에서 영타가 빠르면 유리합니다. 하지만 필요한 아이디어와 형식을 알고 있다면 자판을 보고 영타를 치더라도 10분 안에 답을 완성할 수 있습니다. 시험을 준비하면서부터 영타 연습을 꾸준히 해두 세요. 영타는 앞으로 필수적인 부분이기 때문에 연습해놓으시면 매우 유리합니다.

PART 3

Write
an Opinion Essay

미리보기

TOEIC Writing Test

Question 8: Write an opinion essay

Directions: In this part of the test, you will write an essay in response to a question that asks you to state, explain, and support your opinion on an issue. Typically, an effective essay will contain a minimum of 300 words. Your response will be scored on

- Whether your opinion is supported with reasons and/or examples.
- Grammar,
- Vocabulary, and
- Organization.

You will have 30 minutes to plan, write and revise your essay.
Click on Continue to go on.

Continue 버튼을 누르면 두 번째 화면에 여덟 번째 문제가 나온다.

개요

문제 수	답변 준비 시간	답변 시간	점수	평가 기준
1개 Question 8	없음	**30**분 (300단어)	**0-5**점	– 문법, 어휘, 구성 – 의견을 제시할 때 이유, 근거가 타당한지 여부

시험을 보는 데 반드시 필요한 정보만을 모았습니다!
각 파트의 특징과 답변 전략을 한눈에 파악할 수 있어요.

TOEIC Writing

이메일 쓰기 답변 전략

1단계 주제문을 꼼꼼히 독해해본다. 어떤 형식에 해당하는지 파악한다. (선호형/찬반형/장단점형/설명형)

2단계 주제를 읽고 브레인스토밍을 꼭 한다. 이 과정에서 본론에서 쓸 메인 아이디어 2개를 생각해내야 한다. 더불어 개인적인 예문까지 생각하면 훨씬 유리하다. 완벽한 문장을 만들면 좋지만 몇 개의 단어라도 꼭 생각해두어야 한다. 문제 읽기에서 브레인스토밍까지 3분 정도의 시간을 꼭 할애하자.

3단계 브레인스토밍한 아이디어로 에세이를 쓰기 시작한다. 무작정 일기나 이메일 쓰듯 길게만 계속 나열하지 말고 반드시 서론, 본론, 결론의 형식에 맞춘다. 에세이 쓰기에서 가장 중요한 것은 구성력이다.

구성 및 배점표

평가 기준	의견을 뒷받침하는 이유를 제시하고, 질문에 충분한 예시로 답해야 한다. 어휘 / 문법 / 문맥의 연결성		
시간	30분		
	0~5점		
점수	**5점**	주제에 어울리는 답을 하고 예시나 이유가 적절함 통일성, 연속성, 일관성이 좋음 다양한 어휘와 숙어를 사용하고 있음	
	4점	주제에 어울리는 답을 했으나 예시나 이유 등이 다소 떨어짐 어휘나 문법 선택이 전체적으로 맞지만 눈에 띄는 실수가 있음 통일성, 연속성, 일관성이 대체로 좋음	
	3점	내용 전개는 좋으나 연결성이 모호함 어법, 문법, 어휘를 알고는 있지만 선택 능력이 부족함	
	2점	논제를 충분히 답변하지 못함(주제, 이유, 예) 구성, 연결성 부족 어법, 문법, 어휘의 선택 범위가 현저하게 부적절	
	1점	논제가 요구하는 내용을 심각하게 이행하지 못함 연관성, 일관성, 통일성이 떨어짐 어법, 문법, 어휘의 실수가 심각할 정도로 많음	

● **주제를 읽고 브레인스토밍까지 3분 정도의 시간을 할애하자.**

30분 안에 에세이 한 편을 작성해야 하며, 3~4분 정도는 브레인스토밍을 하는 데 충분히 사용하자. 정확한 아이디어가 있다면 글을 쓸 때 시간을 절약할 수 있다. 글을 작성하기 시작하면 중간에 아이디어를 바꾸는 것이 쉽지 않고, 아이디어를 바꿀 경우 분명히 시간이 부족할 것이기 때문에 미완성으로 끝나기 쉽다. 미완성일 경우 좋은 점수를 얻을 수 없다.

Example

Which do you prefer: to work with coworkers in a team or to work alone?
동료와 팀으로 일하는 것과 혼자 일하는 것 중 어느 것을 선호하는가?

- 자기 주장: I prefer to work with coworkers. 나는 동료와 일하는 것을 선호한다.
- 본론 ① main idea: I can get good ideas easily. 좋은 아이디어를 쉽게 얻을 수 있다.
- 본론 ② main idea: I can develop friendships. 우정을 돈독하게 해준다.

● **어떤 유형의 에세이인지 파악하자.**

Part 3 에세이는 설명형, 선호형, 찬반형, 장단점 유형이 출제되는데, 각각의 유형을 파악하여 이에 맞는 자신의 생각을 쓰고 뒷받침하는 예시, 이유를 써야 한다.

① 선호형

- Which would you prefer: a high-paying job with long hours or a lower-paying job with shorter hours? Use specific reasons and details to support your answer.
  오랜 시간 일하면서 높은 급여를 받는 것과 짧은 시간 일하면서 적은 급여를 받는 것 중 어느 것을 선호하는가? 답변을 뒷받침하는 명확한 이유와 구체적 사항을 쓰시오.

대부분 다음과 같은 스타일로 묻고 자기 주장을 대답한다.

질문 스타일	자기 자신의 선택
Which do you prefer? 어떤 것을 선호하는가?	I prefer to + 동사원형 나는 ~을 선호한다
Would you prefer to ~? ~을 선호하는가?	I would rather … than ~ 나는 ~보다 차라리 …하겠다
Which one is better? 어떤 것이 더 나은가?	I have a preference for ~ 나는 ~을 선호한다

실전에서 최대한 실수를 줄이고 고득점을 얻을 수 있는 방법을 소개합니다!
당장 실전에 써먹을 수 있는 만점 노하우만 모았어요.

TOEIC Writing

② 찬반형

- Do you agree or disagree with the following statement? Playing a game is fun only when you win. Use specific reasons and examples to support your answer.
  다음 진술에 동의하는가, 동의하지 않는가? 게임은 이길 때만 즐겁다. 답변을 뒷받침하는 구체적인 이유와 예를 들어보시오.

대부분 다음과 같은 스타일로 묻고 자기 주장을 대답한다.

질문 스타일	자기 자신의 선택
Do you agree or disagree? 동의하는가, 동의하지 않는가?	I agree/disagree that S + V 나는 ~에 동의한다/동의하지 않는다
Do you think this is a good idea? 이것은 좋은 생각이라고 생각하는가?	I am against that S + V 나는 ~에 반대한다

③ 설명형/장단점형

- Do you think it is a good idea for teenagers to have jobs while they are still students?
  십대들이 아직 학생일 때 일자리를 갖는 것이 좋은 생각이라고 생각하는가?

- What is the advantage of being a leader of a group?
  단체의 대표가 되면 장점이 무엇인가?

대부분 다음과 같은 스타일로 묻고 자기 주장을 대답한다.

질문 스타일	자기 자신의 선택
What do you think ~? ~을 어떻게 생각하는가?	My point of view on this issue ~ 이 사안에 대한 내 관점은 ~
Why do you think ~? 왜 ~라고 생각하는가?	In my opinion, ~ 내 의견으로는, ~
What's your opinion about ~? ~에 대한 당신의 의견은 무엇인가?	I think ~ 내 생각에는 ~

● 꼭 기억해야 할 기본을 지키자.

단지 길게만 쓴다고 좋은 게 아니다. 내용을 뒷받침하는 근거를 써야 한다. 또한 개인적인 예시가 들어가면 더 이해가 잘 되고 글이 살아난다. 철자와 사소한 문법에도 너무 신경을 쓰지 않는 것이 좋다. 작은 문법적 실수는 큰 감점 요인이 아니다.

STEP 3 공략 포인트

1 서론 패턴 I

에세이 쓰기를 시작할 때 자주하는 실수는 자기 주장을 정확히 해야겠다는 생각에 근거나 이유 없이 무조건 주장부터 하는 것이다. 항상 주장을 시작하기 전에는 사람들마다 주장이 다를 수 있다는 것을 다양한 방법으로 표현해야 한다. 아래 언급한 표현들을 이용해서 시작한다면 자연스럽게, 또 어렵지 않게 시작할 수 있을 것이다.

As everyone knows, S + V	모든 사람들이 알고 있듯이, ~
Many people think that S + V	많은 사람들이 ~라고 생각한다
People have a tendency to 동사원형	사람들은 ~하는 경향이 있다
It is often said that S + V	~라고 종종 말한다
There are many advantages and disadvantages to 명사	~에 장점과 단점이 있다

예문 As everyone knows, education is important.

Many people think that it is important to experience various cultures abroad.

People have a tendency to try to have more personal time than work time.

It is often said that we now live in an information society.

There are many advantages and disadvantages to staying at the same company for your entire career.

모든 사람들이 알고 있듯이, 교육은 중요하다.

많은 사람들은 해외에서 다양한 문화를 경험하는 것이 중요하다고 생각한다.

사람들은 일하는 시간보다 개인 시간을 더 많이 가지려 하는 경향이 있다.

우리는 지금 정보화 사회에 살고 있다고 종종 말한다.

당신의 전 생애 동안 똑같은 회사에 다닌다는 것은 많은 장점과 단점이 있다.

영작 연습하기

●정답은 해설집에서 확인

1. 모든 사람들이 알고 있듯이, 우리는 건강을 위해서 운동을 해야만 한다.

→

2. 많은 사람들은 자연을 보호하기 위해 플라스틱 사용을 줄여야 한다고 생각한다.

→

3. 사람들은 주말에 애완동물과 함께 시간을 보내는 경향이 있다.

→

TOEIC Writing에서 자주 출제되는 유형들만 묶어 명쾌하게 설명한 핵심 정리!
총 10개의 공략 포인트만 익히면 TOEIC Writing의 기본이 잡혀요.

TOEIC Writing

4. 아이들이 영양가 있는 아침을 먹고 나면 학교에서 더 좋은 성적을 낸다고 종종 말한다.

→

② 서론 패턴 II

서론에서 가장 중요한 것은 자기 주장을 언급하는 패턴이다. 자기 주장은 분명하게 한 쪽을 선택해야 하며 둘 다 좋다거나 둘 다 반대라거나 하는 식으로 주장하는 것은 좋지 않다.

I prefer -ing / to 동사원형	나는 ~을 선호한다
I would rather ... than ~	나는 ~하기보다는 차라리 …하겠다
I agree with 명사 / I agree that S + V	나는 ~에 동의한다
I have a preference for 명사	나는 ~을 선호한다

예문 I prefer to study alone while others prefer to study in groups.
I would rather travel independently than with a tour operator.
I agree that people become more conservative as they age.
I have a preference for feel-good movies.

다른 사람들은 그룹으로 공부하는 것을 선호하는 반면에, 나는 혼자서 공부하는 것을 선호한다.

나는 관광 안내원과 함께 여행하기보다는 차라리 독립적으로 여행하겠다.

나는 사람들이 나이가 들수록 더 보수적이 된다는 것에 동의한다.

나는 기분 좋은 영화들을 더 좋아한다.

영작 연습하기

● 정답은 해설집에서 확인

1. 나는 일년 내내 날씨가 같은 장소에서 사는 것을 선호한다.

→

2. 내가 직접 하키를 하는 것보다 TV로 하키 경기를 보는 게 더 낫다.

→

3. 나는 할머니의 말에 동의한다. 사람들은 옛날처럼 어른을 존경하지 않는다.

→

4. 나는 행복한 결말이 있는 영화를 더 좋아한다.

→

본론 패턴 I

본론을 시작할 때 연결어를 사용하면 문장의 흐름이 훨씬 자연스럽고 구성력을 갖춘 글로 만들 수 있다. 구조상 적절한 연결어를 암기해두자.

To begin with, S + V

Most of all, S + V

First, S + V

우선, ~

무엇보다도, ~

첫째, ~

예문 To begin with, physical exercise enables students to continue to study because working out promotes physical and emotional health.

Most of all, we need to invest in public services because we have an aging population.

First, fox hunting should be banned because it is a barbaric practice that has no place in modern society.

우선, 신체 운동은 학생들이 공부를 계속할 수 있게 해준다. 왜냐하면 운동은 신체적 그리고 정서적 건강을 증진시키기 때문이다.

무엇보다도, 고령화되어 가는 인구 때문에 우리는 공공 서비스에 투자해야 한다.

첫째, 여우 사냥은 현대 사회에서 설자리가 없는 야만적인 관행이기 때문에 금지되어야 한다.

영작 연습하기

● 정답은 해설집에서 확인

1. 우선, 다른 사람들과 상의함으로써 당신은 자신에 대해 생각하지 못했던 새로운 생각들을 들을 수 있을지도 모른다.

→ _____

2. 무엇보다도, 미술 수업을 듣는 것은 창의력을 향상시키는 좋은 방법이며, 이것은 필수적인 기술이다.

→ _____

3. 첫째로, 마스크를 착용하는 것은 의무화되어야 한다. 왜냐하면 이건 공중 보건의 문제이기 때문이다.

→ _____

---

4 **본론 패턴 II**

본론의 첫 번째 주장에 이어 관련 주장을 덧붙일 때 쓰는 표현을 익혀두면 답안을 효율적으로 늘려갈 수 있다. 너무 자주 쓰면 오히려 감점이 될 수 있으니 주의해야 한다.

In addition, S + V

Second, S + V

Another advantage to 명사

게다가, ~

둘째로, ~

~의 또다른 장점은

> **예문** In addition, spending too much time deciding on routine matters frequently makes our lives uncomfortable and difficult.
>
> Second, schools should have longer vacation times so that students can fully recuperate.
>
> Another advantage to staying at the same company is that you will have more opportunities to learn new things.

게다가, 일상적인 일을 결정하는 데 너무 많은 시간을 소비하는 것은 종종 우리의 삶을 불편하고 힘들게 한다.

둘째로, 학교는 학생들이 완전히 회복할 수 있도록 방학 기간을 더 늘려야 한다.

같은 회사에 계속 있는 또다른 장점은 당신은 새로운 것을 배울 더 많은 기회를 가질 것이다.

▌영작 연습하기

●정답은 해설집에서 확인

1. 게다가, 나는 친구에게 돈을 빌리지 않을 것이다. 왜냐하면 그 사람 주변에서 편하게 쉴 수 없기 때문이다.

→ _____

2. 둘째로, 자기 전에 전자 기기를 끄는 것이 당신의 수면을 개선시킬 것이다.

→ _____

⑤ 본론 패턴 Ⅲ (예문 만들기)

본론에서 자신의 주장을 뒷받침할 때 가장 활용하기 좋은 것이 경험이나 사건을 얘기하는 예문이다. 예문을 통해서 구체적인 사례를 보여줌으로 주장의 타당성을 쉽게 증명할 수 있다. 아래의 패턴을 이용해서 예시를 적는다면 자연스럽게 문장을 이어갈 수 있다.

> For example, S + V
>
> As for me, S + V
>
> In my experience, S + V
>
> Let's assume the next situation.

예를 들어, ~

나로서는, ~

내 경험으로는, ~

다음 상황을 가정해보자.

> **예문** For example, my older sister has steadily developed herself while working at a company. While trying to find out what she likes, she found out that she was interested in flowers, and now, after quitting her job at her company, she runs a flower shop.
>
> As for me, I used to have a hard time sleeping and would often end up falling asleep during class. I decided to improve the quality of my sleep. After researching tips on how to sleep better on the Internet, I started turning off my electronic devices an hour before bed. Now, I sleep really well, and I am more alert in class.

예를 들어, 우리 언니는 회사에서 일하면서 꾸준히 자기 개발을 해왔다. 언니는 자신이 좋아하는 것을 찾으려고 노력하면서 꽃에 관심이 있다는 것을 알게 되었고, 지금은 회사를 그만둔 후에 꽃집을 운영하고 있다.

나로서는 잠을 자는 데 힘든 시간을 겪다가 수업 중에 결국 종종 잠이 들곤 했다. 나는 수면의 질을 개선하기로 결심했다. 인터넷에서 더 나은 수면 방법들을 찾아본 후, 나는 잠들기 한 시간 전에 전자 기기를 끄기 시작했다. 지금은 정말 잘 자고 수업 시간에 정신이 더 맑아졌다.

In my experience, taking an art class has helped me improve my abilities in other required subjects. I used to get terrible grades in math and science despite studying hard and working for long hours. Taking an art class gives me a chance to recuperate while boosting my creativity, which helps me solve problems more efficiently.

나의 경험을 통해, 미술 수업을 듣는 것은 다른 필수 과목들의 기량을 향상시키는 데 도움을 주었다. 나는 공부를 열심히 오랫동안 했음에도 불구하고 수학과 과학에서 형편없는 점수를 받곤 했다. 미술 수업을 듣는 것은 나에게 창의력을 향상시키면서 회복할 수 있는 기회를 주는데, 이것은 내가 문제들을 더 효율적으로 해결하는 데 도움을 준다.

영작 연습하기

● 정답은 해설집에서 확인

1. 예를 들어, 몇 년 전에, 나는 우리가 수년간 쌓아온 신뢰를 바탕으로 친구에게 돈을 빌려주었다. 친구는 돈을 갚기 위한 어떤 노력도 하지 않았다. 우리는 더 이상 서로를 신뢰하지 않기 때문에 우리의 우정은 파괴되었다.

→

2. 나로서는, 자연 속에서 시간을 보내는 것이 나의 정신적인 행복을 향상시켜 주었다. 나는 항상 바빴기 때문에 불안감에 시달렸다. 하지만 지금은 적어도 일주일에 한 번은 공원에 산책하러 가려고 노력한다. 이런 습관을 들이고 난 후에는 마음이 더 편안해지고 불안감도 줄어들었다.

→

3. 나의 경험으로는, 건강에 좋은 음식을 먹는 것은 나의 시험 성적을 향상시킨다. 나는 단 음식이나 정크 푸드를 먹을 때 자주 잠이 들거나 졸리기 시작한다. 게다가, 나는 식사를 거르면 집중하기 힘들어진다. 이제, 나는 중요한 시험 전에는 항상 완전히 영양가 있는 식사를 꼭 하려고 한다.

→

6 결론

결론은 정리 부분이다. 결론에서 새로운 아이디어를 추가하는 것은 절대 금물이다. 본론에서 언급한 내용만 다시 간략히 언급해주면 된다. 무작정 시작하지 말고 연결어를 써주면 내용별로 구분되고 구성력이 좋아진다.

In summary, S + V

In conclusion, S + V

For these reasons, S + V

요컨대, ~

결론적으로, ~

이러한 이유로, ~

예문 In summary, I believe that hiring employees for life is a bad idea for both employees and employers.

In conclusion, people who drink coffee are likely to have longer and more successful lives.

For these reasons, governments should implement legislation banning people from owning pets.

Overall, I believe there are a lot of advantages to staying at a company that you like for your entire career.

요약하자면, 나는 직원을 평생 고용하는 것은 직원과 고용주 모두에게 좋지 않다고 생각한다.

결론적으로, 커피를 마시는 사람들이 더 길고 성공적인 삶을 살 가능성이 높다.

이러한 이유로, 정부는 사람들이 애완동물을 소유하는 것을 금지하는 법을 시행해야 한다.

전반적으로, 나는 당신이 전 생애 좋아하는 회사에 계속 있는 것에는 많은 이점이 있다고 생각한다.

영작 연습하기

●정답은 해설집에서 확인

1. 요약하자면, 명품을 가지고 있는 것도 좋지만, 돈을 선물로 받는다면 콘서트 티켓을 사는 것이 더 좋을 것이다.

→

2. 결론적으로, 오늘날에는 이전 세대의 사람들에게 있었던 것보다 더 많은 직업 기회들이 있다.

→

3. 이러한 이유로, 나는 대기업 대신 소규모 자영업 매장에서 물건을 구매하려고 노력한다.

→

7 주요 숙어와 문장 익히기

1. 이직

→ When people change jobs,

they can have a chance to get promoted.
they can get a pay raise.
they can gain a broad range of experiences.

이직을 하면, 승진의 기회를 가질 수 있다 / 급여가 올라갈 수 있다 / 다양한 경험을 해볼 수 있다.

→ When people change jobs, they have to spend too much time getting used to the new place.

사람들이 이직을 하면, 새로운 장소에 적응하는 데 너무 많은 시간을 보내야 한다.

→ They will be stressed because they have to get along with new people.

그들은 새로운 사람들과 어울려야 하기 때문에 스트레스를 받을 것이다.

2. 좋은 회사

→ A good company should provide a good benefits package for its employees.

좋은 회사는 직원들에게 좋은 복지 혜택을 주어야 한다.

$\rightarrow$ A good company should give priority to leisure time.

$\rightarrow$ A good company should give high salary to its employees.

좋은 회사는 여가 시간을 우선으로 해야 한다.

좋은 회사는 직원들에게 높은 급여를 주어야 한다.

3. 좋은 인간 관계

$\rightarrow$ I want to work with coworkers with whom I can communicate.

$\rightarrow$ We should treat people kindly.

$\rightarrow$ A good boss should be sociable.

$\rightarrow$ A good boss is approachable/considerate.

$\rightarrow$ We can make personal connections through staff gatherings.

나는 대화가 통하는 직원들과 일하고 싶다.

우리는 사람들을 다정하게 대해야 한다.

좋은 사장은 사교적이어야 한다.

좋은 사장은 말을 붙이기 쉽다/사려 깊다.

우리는 직원 모임을 통해서 인맥을 형성할 수 있다.

4. 여행

$\rightarrow$ Traveling with a friend or in a group is much safer than traveling alone.

$\rightarrow$ I can get discounts on many things like airplane tickets, hotels, and museums when I travel in a group.

$\rightarrow$ When I travel alone, I can have time to think about my future.
I can visit wherever I want.
I can create my own schedule.

친구와 함께 하거나 단체로 하는 여행이 혼자 여행하는 것보다 훨씬 더 안전하다.

단체로 여행할 때 항공권, 호텔, 박물관 같은 많은 것에 대해 할인을 받을 수 있다.

혼자 여행하면 나의 미래에 대해 생각할 시간이 생긴다 / 내가 원하는 곳 어디든 갈 수 있다 / 나만의 일정을 만들 수 있다.

5. 예시에 활용하기 좋은 숙어

$\rightarrow$ work for a large company

$\rightarrow$ give birth to a baby

$\rightarrow$ be satisfied with

$\rightarrow$ change jobs / switch jobs

$\rightarrow$ manage both housework and his/her job

$\rightarrow$ go to work = leave for work

$\rightarrow$ take care of

$\rightarrow$ work overtime

$\rightarrow$ have a staff gathering

$\rightarrow$ broaden one's perspective

$\rightarrow$ get used to -ing

$\rightarrow$ move to

대기업에서 일하다

출산하다

~에 만족하다

이직하다

집안일과 직장일을 동시에 관리하다

출근하다

돌보다

잔업하다

직원 모임을 갖다

견문을 넓히다

~에 적응하다[익숙해지다]

~로 이사하다

→ spend + 시간 + -ing

→ be stressed out

→ suffer from severe depression

~하는 데 시간을 보내다

스트레스를 받다

심각한 우울증을 겪다

8 선호형/찬반형 에세이

에세이는 정해진 유형들이 있다. 선호형/찬반형은 에세이 정석의 문제로 가장 많이 출제되며 선호형/찬반형 문장을 변형해서 다른 유형으로 바꾸기도 한다. 핵심 표현을 익히고 문제에 적용해서 고득점에 도전해보자.

1. 서론

> **Many people think that S + V. However, there are others who believe that S + V.**

> 예문 Many people think that English is important. However, there are others who believe that English is not necessary.
>
> Many people think that working for a large company is good. However, there are others who believe that it's more beneficial to work for a small company.

많은 사람들은 ~라고 생각한다. 하지만 …라고 생각하는 다른 사람들도 있다.

많은 사람들은 영어가 중요하다고 생각한다. 하지만 영어가 꼭 필요하지 않다고 믿는 이들도 있다.

많은 사람들은 대기업에서 일하는 것이 좋다고 생각한다. 하지만 작은 회사에서 일하는 게 훨씬 더 이점이 많다고 믿는 이들도 있다.

서론을 쓸 때는 주제문을 잘 봐야 한다. 처음 일반화를 시킬 때는 주제문의 양쪽 입장을 써주면서 시작하면 쉽게 시작할 수 있다. 자기 주장을 나타낼 때는 분명한 입장을 취한다. 또한 서론 끝부분에 꼭 본론 ①과 ②에서 언급할 main idea를 써준다.

영작 연습하기
●정답은 해설집에서 확인

1. 많은 사람들은 해외 유학이 필요하다고 생각한다. 하지만 영어를 꼭 외국에서 공부해야 하는 건 아니라고 생각하는 사람들도 있다.

→ _____

_____

> **I prefer -ing**
>
> **I agree that S + V because main idea 1 and main idea 2**
>
> 예문 I prefer working for a large company because I can build many personal connections and have a lot of welfare packages.
>
> I agree that students should study with a teacher because teachers can help students reach their desired goals and offer students advice on what to do to ensure success in their field.

나는 ~을 선호한다
나는 (main idea 1+2) 때문에 ~해서 동의한다

나는 대기업에서 일하는 것을 선호한다. 왜냐하면 많은 인맥을 쌓을 수 있고 다양한 복지 혜택을 누릴 수 있기 때문이다.

나는 학생들이 선생님과 함께 공부하는 것에 대해 동의한다. 왜냐하면 선생님은 학생들이 바라는 목표에 도달하도록 도와주고 그들의 분야에서 성공하기 위해 해야 할 것에 대해 조언을 줄 수 있기 때문이다.

서론에서 가장 중요한 자기 주장을 하는 부분이다. 애매모호한 입장보다는 한쪽을 확실하게 정해서 본인 주장에 대한 이유를 꼭 제시한다. 서론의 끝부분에 본론에서 할 두 가지 이야기를 해줘야 한다.

Example

→ Many people think that English is important. However, there are others who believe that English is not necessary. I agree that it is important to study English because people can get a job more easily when they speak English and people can experience a lot of new cultures through having conversations with others in English.

많은 사람들은 영어가 중요하다고 생각한다. 하지만 영어가 필수적인 것은 아니라고 믿는 사람도 있다. 나는 영어 공부가 중요하다는 것에 동의한다. 왜냐하면 영어를 하면 더 쉽게 취업할 수 있고 영어로 다른 사람들과 대화하면서 많은 새로운 문화를 경험할 수 있기 때문이다.

영작 연습하기

●정답은 해설집에서 확인

2. 나는 학생들이 해외 유학을 가야 한다는 점에 동의한다. 왜냐하면 많은 다양한 문화를 경험할 수 있고 영어를 말할 수 있는 기회를 많이 얻을 수 있기 때문이다.

→

2. 본론 ❶

> **To begin with,** ┐ **it's important[impossible/good/necessary/**
> **First of all,** ┘ **common] to + 동사원형**
>
> 예문 To begin with, it's necessary to speak English in order to work for a large company.
>
> First of all, it's important for students to experience many different cultures.

우선, ~하는 것이 중요하다[불가능하다/좋다/필요하다/보편적이다]

우선, 대기업에서 일하기 위해서는 영어를 하는 것이 필수적이다.

무엇보다도, 학생들이 많은 다양한 문화를 경험하는 것이 중요하다.

본론 ①도 일반화 사실로 시작한다. 일반화 사실로 시작하기 좋은 패턴인 it's important/impossible/good/necessary/common to do 구문을 적극적으로 활용한다. 예문은 어려운 예문보다는 개인적인 예문을 써서 현실감을 주자. 단, 예문이 과거 얘기라면 시제를 과거로 통일시킨다. 또한 예문만으로 끝내지 말고 마지막에 마무리하는 말을 반드시 한 번 더 넣어주자.

영작 연습하기
●정답은 해설집에서 확인

1. 우선, 가족들과 함께 시간을 보내는 것이 중요하다.

→

For example, S + V

예문 For example, I was an introverted student when I was young, so I didn't get along with my friends. However, through participating in many different activities at school, I was able to overcome my shyness.

본론 2개 중 하나에는 반드시 예시를 넣어준다. 예시를 들어줌으로써 본인의 주장을 더욱 설득력 있게 할 수 있으며, 이때의 예시는 일반적인 것보다 개인적인 것이 더 좋다. 단 과거의 얘기를 예시로 들었다면 시제를 모두 과거로 일치시키도록 주의한다.

영작 연습하기
●정답은 해설집에서 확인

2. 예를 들어, 나의 언니는 대기업에서 3년째 일을 하고 있지만, 직업에 만족하지 못하고 있다. 그녀는 매일 잔업을 하기 때문에 가족이나 취미를 위한 시간이 없다.

→

Therefore, S + V

예문 Therefore, studying abroad is a good experience for students.
Therefore, a teacher can be a good advisor to students and help lead them to success.

예를 들면, ~

예를 들어, 나는 어렸을 때 내성적인 학생이라서 친구들과 잘 어울리지 못했다. 하지만 학교에서 많은 다양한 활동에 참여하면서 나는 수줍음을 극복할 수 있었다.

그러므로, ~

그러므로, 학생들에게 해외 유학은 매우 좋은 경험이 된다.

그러므로, 선생님은 학생들에게 좋은 조언자가 될 수 있으며, 학생들을 성공으로 이끌어주는 데 도움이 될 수 있다.

항상 본론을 마무리 지을 때는 앞에서 했던 얘기들을 정리해준다. 특히 나 예시가 등장했을 경우에는 예시로 끝내지 말고 반드시 내용을 한 번 더 정리해주자.

Example

→ To begin with, in today's world, it is necessary for students to speak English if they want to get a good job. For example, my sister graduated from school two years ago, but was unsuccessful in getting a job. She thought the reason why she failed the interview was because of her poor English ability.

Therefore, she signed up for an English class to help her prepare for an English interview. Last year, she was finally able to get a job as a result of her much improved English skills. If my sister couldn't speak English, she would not have been able to get a good job. Therefore, by having good English skills, people can get more chances to work for a company that they like.

우선. 오늘날의 세상에서 학생들이 좋은 직업을 얻으려면 영어를 말하는 것은 필수적이다. 예를 들면, 우리 언니는 2년 전에 학교를 졸업했지만 취업을 하는 데 성공하지 못했다. 언니는 면접에 실패하는 원인을 부족한 영어 실력 때문이라고 생각했다. 그래서 언니는 영어 면접에 대비하고자 영어 강좌를 신청했다. 작년에 결국 언니는 훨씬 향상된 영어 실력의 결과로 취업을 할 수 있었다. 언니가 영어를 말할 줄 몰랐다면 좋은 일자리를 얻을 수 없었을 것이다. 그러므로 훌륭한 영어 구사 능력을 갖춤으로써 사람들은 원하는 회사에서 일할 수 있는 가능성이 더 커지는 것이다.

3. 본론 ❷

> **In addition[Moreover], another reason why S + V is that S + V**
>
> 예문 In addition, another reason why it's good to change jobs frequently is that one can find a better job with better working conditions that pays a higher salary.
> Moreover, another reason why students should study at school is that they can have more opportunities to socialize with others.

게다가, ~하는 또 다른 이유는 …이다

게다가, 이직을 자주 하는 게 좋은 다른 이유는 더 나은 업무 환경과 함께 급여를 더 많이 주는 더 좋은 일자리를 찾을 수 있기 때문이다.

게다가, 학생들이 학교에서 공부해야 하는 다른 이유는 학교에서 사회성을 기를 수 있는 기회를 더 많이 얻을 수 있기 때문이다.

본론 ②도 일반화 사실로 시작하는데 본론 ①과 같은 패턴을 이용하지 말고 변형을 준다. [another reason why S+V is that S+V] 구문으로 시작한 후 주장에 대한 간단한 설명을 해준다. 본론 ②에서는 굳이 예시를 들 필요는 없으며 간단히 본인의 주장을 정리하며 마무리한다.

영작 연습하기

● 정답은 해설집에서 확인

1. 게다가, 학생들이 해외 유학을 해야 하는 다른 이유는 영어 구사 능력을 향상시킬 기회들이 많이 있을 수 있기 때문이다.

→ _____

In this regard, S + V

> **예문** In this regard, too many job changes can result in employers not employing those who frequently quit and change their jobs.
>
> In this regard, working for a small company with shorter hours is better than working for a big company with long hours.

본론 ②도 간단한 설명 후에 반드시 정리를 해줘야 한다. 본론 ①과 통일성을 갖도록 해야 한다는 점을 잊어서는 안 된다.

Example

→ In addition, another reason why English is important is that people can experience other cultures through it. If people can speak English, they can easily have a conversation with foreigners. Through talking with foreigners, people can come to understand their ways of thinking, and can thus learn more about their cultures. In this regard, English is necessary for broadening one's views.

영작 연습하기

● 정답은 해설집에서 확인

2. 이런 점에서, 고용주는 자신의 사업을 유지하기 위해 큰 압박을 받게 된다.

→

4. 결론

> **In conclusion, S + V**
> **To sum it up, S + V**
> **This is because 본론 ① + 본론 ②**
>
> **예문** In conclusion, it's important for students to study using their own study methods.
>
> To sum it up, there is no relationship between the best CEOs and their educational backgrounds.
>
> This is because good bosses have the ability to encourage their employees to work well and listen to their opinions.

결론은 정리하는 부분이니 본론에서 했던 말 이외의 의견들을 추가로 넣지 않는다. 결론에서도 서론과 마찬가지로 본론 ①과 ②의 main idea를 언급함으로써 전체적인 일관성을 유지하도록 한다.

이런 점에서, ~

이런 점에서, 너무 많은 이직은 고용주들이 자주 일을 그만두고 이직하는 사람들을 채용하지 않게 되는 결과를 초래할 수 있다.

이런 점에서, 대기업에서 오랜 시간 일하는 것보다 적은 시간으로 작은 회사에서 일하는 게 더 낫다.

게다가, 영어가 중요한 다른 이유는 사람들이 영어를 통해서 다른 문화를 경험할 수가 있다는 점이다. 사람들이 영어를 말할 수 있다면, 외국인들과 쉽게 대화할 수 있다. 외국인들과 얘기하는 것을 통해서 그들의 사고방식을 이해할 수 있고, 따라서 그들의 문화를 더 알아갈 수 있다. 이런 점에서, 영어는 사람의 견해를 넓히는 데 필수적이다.

결론적으로, ~

요약하자면, ~

이것은 ~ 때문이다

결론적으로, 학생들이 그들만의 학습 방법을 이용하여 공부하는 것이 중요하다.

요약하자면, 최고의 CEO는 그들의 학력과 연관이 없다.

왜냐하면 좋은 상사는 직원들이 일을 잘할 수 있도록 장려하고 그들의 의견을 잘 들어주는 능력을 갖고 있기 때문이다.

●정답은 해설집에서 확인

1. 결론적으로, 많은 사람들은 사업체 소유자로서보다는 직원으로서 일하는 쪽을 선호한다.

→

2. 이것은 스트레스를 덜 받게 되고 보다 안정적이기 때문이다.

→

> ### For these reasons, I prefer -ing // I agree/disagree that S + V
>
> 예문 For these reasons, I prefer working for a company instead of running my own business.

이러한 이유로, 나는 ~하는 것을 선호한다 // 나는 ~하는 것에 동의한다/동의하지 않는다

이러한 이유로, 나는 직접 사업을 하는 것보다 회사의 직원으로 일하는 것을 선호한다.

결론에서 마무리할 때는 다른 생각이나 주장을 추가하면 전체적인 통일성이 흐트러지고 산만한 글로 보일 수 있다. 따라서 본론에서 언급했던 자신의 주장을 다시 한 번 정리함으로써 일관성 있는 에세이가 되도록 해야 한다.

●정답은 해설집에서 확인

3. 이러한 이유로, 나는 다른 사람들과 함께 일하는 것을 선호한다.

→

Example

→ In conclusion, people should study English for their future.

This is because people can have many opportunities to do what they want to when they speak English well, and also because people can gain a lot of experience through talking with foreigners. For these reasons, I agree that English is a very important and beneficial skill.

결론적으로, 사람들은 미래를 위해서 영어를 공부해야 한다.

왜냐하면 사람들은 그들이 영어를 잘 할 수 있을 때 원하는 것을 할 수 있는 많은 기회를 가질 수 있고, 외국인들과 이야기하는 것을 통해서 다양한 경험을 얻을 수 있기 때문이다. 이러한 이유로, 나는 영어는 매우 중요하고 유익한 능력이라는 것에 동의한다.

9 장단점형 에세이

선호형/찬반형처럼 한쪽 의견을 정해서 기술하는 것이 아니다. 장점과 단점이 명확히 드러나야 하며 에세이 중간에 선호형/찬반형 답안 형태로 바뀌지 않도록 주의해야 한다. 장단점형 에세이의 핵심 패턴과 구조를 익히면 혼동을 줄일 수 있다.

1. 서론

> **People tend to + 동사원형**
> **There are advantages and disadvantages of/to -ing**
>
> 예문 People tend to change jobs frequently. There are advantages and disadvantages to frequently changing jobs.
> People tend to prefer flexible working hours. There are the advantages and disadvantages to flexible working hours.

사람들은 ~하는 경향이 있다

~하는 것에는 장단점이 있다

사람들은 이직을 자주 하는 경향이 있다. 이직을 자주 하는 데는 장단점이 있다.

사람들은 탄력 근무제를 선호하는 경향이 있다. 탄력 근무제에는 장단점이 있다.

서론을 쓸 때는 주제문을 잘 봐야 한다. 처음 일반화를 시킬 때는 주제문의 양쪽 입장을 써주면서 시작하면 쉽게 시작을 할 수 있다. 자기 주장을 나타낼 때는 분명한 입장을 취한다. 또한 서론 끝부분에 꼭 본론 ①과 ②에서 언급할 main idea를 써 준다. 장단점을 묻는 문제이기 때문에 장점과 단점을 각각 써준다.

영작 연습하기
●정답은 해설집에서 확인

1. 사람들은 대기업에서 일하고 싶어 하는 경향이 있다. 대기업에서 일하는 데는 장단점이 있다.

→

> **I think one of advantages to -ing is that ~. However, S + V**
>
> 예문 I think one of the advantages to changing jobs frequently is that one can challenge one's self. However, one has to spend a lot of time getting used to the new workplace.

…하는 것의 장점 중 하나는 ~라고 생각한다. 하지만, –

나는 이직을 자주 하는 장점 중에 하나는 스스로에 도전할 수 있다는 것이라고 생각한다. 하지만 새로운 직장에 적응하는 데는 많은 시간이 걸릴 수밖에 없다.

2. 대기업에서 일하는 장점 중 하나는 다양한 복지 혜택을 누린다는 점이다. 하지만 사무실에서 일하는 데 너무 많은 시간을 보낼 수도 있다.

→ ▨▨▨▨▨▨▨▨▨▨▨▨▨▨▨▨▨▨▨▨▨▨▨

Example

→ People tend to study through online classes. There are advantages and disadvantages of studying online. I think one of the advantages to studying on the Internet is that people can save time. However, with the added convenience of online classes comes the problem of focusing on the class.

사람들은 온라인 강좌를 통해서 공부하는 경향이 있다. 온라인으로 공부하는 데에는 장점과 단점이 있다. 인터넷에서 공부하는 장점 중 하나는 사람들이 시간을 절약할 수 있다는 점이다. 하지만 온라인 수업에 더해지는 편리함으로 수업에 집중하는 데 어려움이 따른다.

2. 본론 ❶

On the one hand, people can + 동사원형

한편으로, 사람들은 ~할 수 있다

예문 On the one hand, people can change jobs in order to have a better future.
On the one hand, they can dress casually in the workplace in order to work more creatively.

한편으로, 사람들은 더 나은 미래를 위해서 이직을 할 수 있다.

한편으로, 더 창의적으로 일하기 위해서 직장에서 옷을 캐주얼하게 입을 수 있다.

글에 통일성을 주고 문장이 자연스럽게 이어지도록 연결어를 적극적으로 사용한다.

1. 한편으로, 사람들은 많은 복지 혜택을 얻기 위해서 대기업에서 일할 수 있다.

→ ▨▨▨▨▨▨▨▨▨▨▨▨▨▨▨▨▨▨▨▨▨▨▨

For example, ~ / Therefore, ~

예를 들면, ~ / 그러므로, ~

예문 For example, my sister was working for another company for two years, and she changed jobs last year. The previous company she was working for didn't provide many benefits to women, so it was hard for her to keep working after she gave birth to her baby. However, after changing jobs, she can now manage both her job and the housework as a result of the various benefits she receives. Therefore, she

예를 들어, 나의 언니는 다른 회사에서 2년 동안 일했고, 작년에 이직했다. 전에 일했던 회사는 여성들을 위한 복지 혜택이 별로 없어서 출산 후에 계속해서 일하기 힘들었다. 하지만 이직한 후에는 그녀가 받는 다양한 복지 혜택의 결과로 집안일과 회사일 둘 다 할 수가 있다. 그래서 언

is very satisfied with the current company for which she is working. In this regard, one will be more satisfied with one's life after changing jobs.

적절한 예시를 통해서 주장하는 바를 더 구체적으로 나타낼 수 있다. 예시는 개인적인 예시도 가능하며, 너무 어려운 것보다는 본인의 경험을 가상으로 만들어서 예로 들어주면 쉽게 작성할 수 있다. 단, 예시로 끝나서는 안 되며 예시 뒤에 반드시 정리하는 문장을 넣어준다.

영작 연습하기

●정답은 해설집에서 확인

2. 예를 들어, 우리 회사에는 다양한 연수 세미나, 주간 회의, 사교 행사가 많다. 하지만 직원 각자의 스케줄이 탄력 근무 시간제에 기초한 것이어서 팀의 행사를 정하는 것이 어렵다.

→

Example

→ On the one hand, added convenience allows people to study their subjects anytime and anywhere. For example, my brother works for ABC Company and he wants to develop his English skills. However, he has no time to study English at an institute because he always works overtime. For this reason, his teacher recommended some online classes to him, and he is satisfied with them. Thanks to online classes, he can now study before going to work or after coming back from work, whereas if he went to an institute, he would have been absent from class every day. Therefore, since online classes have no time constraints, they make it easier for people to study the subjects in which they are interested.

3. 본론 ❷

On the other hand, it's not good to + 동사원형

In this regard, S + V

예문 On the other hand, it's not a good idea to dress casually in the workplace. When one helps customers and clients in one's company, dressing casually appears unprofessional. It can also cause customers to lose confidence in the employee.

니는 현재 다니고 있는 회사에 대해 매우 만족스러워 한다. 이런 점에서, 사람들은 이직을 통해서 자신의 생활에 더 만족할 수 있다.

한편으로, 추가된 편리함으로 사람들은 언제 어디서나 그들의 과목을 공부할 수 있다. 예를 들어, 우리 오빠는 ABC 회사에 다니는데 영어 실력을 키우고 싶어 한다. 하지만 그는 항상 잔업을 하기 때문에 학원에서 영어를 공부할 시간이 없다. 이런 이유로, 선생님이 그에게 몇 개의 온라인 수업을 추천했고, 그는 그 수업들에 만족스러워 한다. 온라인 수업 덕분에, 이제 그는 출근 전이나 퇴근 후에 공부할 수 있다. 반면에 만약에 학원에 다녔다면, 그는 매일 결석을 했을 것이다. 그러므로 온라인 수업은 시간적인 제약이 없기 때문에, 사람들이 관심 있는 과목들을 공부하는 것이 더 수월하게 해준다.

다른 한편으로, ~하는 것은 좋지 않다

이런 점에서, ~

다른 한편으로, 직장에서 옷을 캐주얼하게 입는 것은 좋은 생각이 아니다. 회사에서 고객들을 상대할 때 캐주얼한 복장은 프로답지 않게 보인다. 그것은 직원에 대한 고객의 신뢰를 잃어버리게 만들 수도 있다.

> In this regard, one who dresses casually in the office will not make a good impression on one's customers.

본론 ②도 적절한 연결어를 사용하여 글이 모두 통일성 있게 만들어준다.

영작 연습하기

1. 다른 한편으로, 이직을 자주 하는 것은 좋지 않다. 왜냐하면 새로운 직장에 적응하는 데 너무 많은 시간이 소요될 것이기 때문이다. 새로운 동료들과 새로운 업무 환경에 적응해야 하므로 스트레스를 받게 될 것이다. 이런 점에서, 사람들은 새로운 환경에 적응하느라 시간과 에너지를 낭비하게 되고, 따라서 업무에서 뒤처지게 될 수도 있다.

→ _____

_____

Example

→ On the other hand, taking a class online can make it more difficult for learners to focus. One reason is that it's difficult for online learners to catch up with their studies without regular assistance. When people study without time and place constraints, they can continuously postpone their classes and may even give up on them completely. In this regard, when online learners study, they need to put in a greater effort in order to keep up with their classes.

다른 한편으로, 온라인 수업을 듣는 것은 학습자들이 집중하기가 더 어려울 수 있다. 한 가지 이유로 온라인 학습자들이 정기적인 도움 없이 수업을 따라가는 것은 어렵다. 사람들이 시간이나 장소의 제약 없이 공부할 때, 그들은 계속해서 수업을 미루거나 심지어는 아예 포기할 수도 있다. 이런 점에서, 온라인 학습자들이 공부할 때는, 수업을 따라가기 위해서 더 많은 노력이 필요하다.

4. 결론

In conclusion, there are advantages and disadvantages when S + V

It's good to + 동사원형. However, S + V

As a result, S + V

결론적으로, ~할 때 장단점이 있다

~하는 것은 좋다. 하지만, …이다

결과적으로, ~

예문 In conclusion, there are advantages and disadvantages to dressing casually in the workplace. Although dressing casually allows one to work more creatively, it does not appear professional. As a result, one should consider both advantages and disadvantages before deciding to dress casually.

결론적으로, 직장에서 옷을 캐주얼하게 입는 데는 장단점이 있다. 옷을 캐주얼하게 입는 것은 보다 창의적으로 일할 수 있도록 해주지만, 프로답게 보이지 않는다. 결과적으로, 캐주얼하게 옷을 입기로 결정하기 전에 장단점을 모두 고려해 봐야 한다.

이런 점에서, 직장에서 캐주얼하게 입는 사람은 고객들에게 좋은 인상을 주지 못할 것이다.

108 _ Part 3

결론 연결어로는 In conclusion이 가장 대표적이다. In conclusion 뒤에 앞의 본문 내용을 정리할 때는 앞에서 언급된 적이 없는 다른 아이디어나 주장을 절대 추가하지 말고, 본론 ①, ②의 주장을 다시 한 번 언급하는 정도로 마무리한다. 마지막으로 As a result를 이용해서 장단점의 존재를 다시 한 번 언급해 준다.

영작 연습하기

●정답은 해설집에서 확인

1. 결론적으로, 이직을 하는 데는 장단점이 있다. 자기 자신에게 도전하는 것은 좋지만, 새로운 직장에 적응하는 데 너무 많은 시간을 보낼 수도 있다. 그러므로, 이직을 하기 전에 장점과 단점을 모두 고려해봐야 한다.

→

Example

→ In conclusion, there are advantages and disadvantages to studying through the Internet. It's good for people to study what they want anytime and anywhere. However, since the classes are taught by teachers, they need to put in consistent effort to keep up with the class. For this reason, they should consider the pros and cons before choosing to study online. As a result, when people study online, they have to consider the advantages and disadvantages.

결론적으로, 인터넷을 통해서 공부하는 데는 장점과 단점이 있다. 사람들이 원하는 것을 언제 어디서든 공부할 수 있다는 점은 좋다. 하지만 강사에 의해 주도되는 수업이기 때문에, 수업을 따라가기 위해서는 지속적인 노력이 필요하다. 이러한 이유로, 그들은 온라인 공부를 선택하기 전에 장점과 단점을 고려해보아야 한다. 결과적으로, 사람들이 온라인으로 공부할 때, 그들은 장점과 단점을 고려해야 한다.

⑩ 설명형 에세이

최근 들어 자주 출제되는 유형이다. 선호형/찬반형/장단점형에 익숙한 학생들은 당황할 수도 있으니 문제 유형을 꼭 파악해둔다. 의견 기술이 아닌 주제를 읽고 그에 어울리는 답을 설명하듯이 쓰면 된다. 아래의 문제 유형과 핵심 패턴을 익혀두자.

1. 서론

People have different opinions about ~

There are many things when S + V

In my opinion, S +V and S + V

사람들은 ~에 대한 다양한 견해를 갖고 있다

~할 때 많은 것들이 있다

내 의견으로는, ~

When choosing a product, people have different opinions about the product's most important features. There are many factors to consider when buying a product. In my opinion, a product's quality is much more important than its price. Also, I have to consider if the product is a necessity or not.

서론은 항상 일반적인 사실로 시작해야 한다. 설명형 에세이에서는 다양한 의견이 있음을 보여주고 시작하면 일반적인 사실이 된다.

영작 연습하기
●정답은 해설집에서 확인

1. 사람들은 좋은 동료의 특징에 대해서 다양한 의견을 갖고 있다. 사람들이 회사에서 일할 때 다양한 성격의 많은 동료들과 일을 하게 된다. 내 의견으로는, 이상적인 동료는 상냥하고 다른 사람의 말을 잘 들어주어야 한다.

→

2. 본론 ❶

Firstly, S + can/should + 동사원형

For example, ~

Therefore, ~

Firstly, a good quality product can last more than a cheaper product. For example, five years ago, I bought many pairs of jeans. I also spent about $200 buying just one pair of jeans, and that was one of the most expensive jeans I bought at that time. I still wear it now since it is made of good quality material, but I can't wear the other jeans because they are extremely worn out, even though I wore them fewer times than the good quality pair of jeans. I realized that paying more money for a good quality product lets me use it for a long time. Therefore, it is worth paying more for a good quality product.

모든 유형의 에세이에 예시가 필요하다. 위의 경우처럼 예시는 개인적인 경험을 얘기하며 제시하면 더 설득력이 있고 쉽게 작성할 수 있다.

영작 연습하기
●정답은 해설집에서 확인

1. 첫째로, 동료는 상냥해야 한다.

→

2. 첫째로, 좋은 CEO는 (다른 사람의 말을) 잘 들어주는 사람이어야 한다.

→

3. 본론 ❷

> Secondly, S + can/should + 동사원형
>
> In this regard, S + V

둘째로, ~할 수 있다/~해야 한다

이런 점에서, ~

예문 Secondly, people should think about whether or not they need a product before buying it. This is because people sometimes spend a lot of money buying useless things, which is a big waste of money. Therefore, people should consider the necessity of a product before deciding to buy it. Also, another way to spend money more wisely is to make a list of what one wants to buy. In this regard, it is good for people to think about the reasons for purchasing a product before doing so.

둘째로, 사람들은 물건을 사기 전에 그것이 필요한지 아닌지 생각해야 한다. 왜냐하면 사람들은 때때로 필요 없는 것들을 사느라 많은 돈을 쓰는데, 그것은 엄청난 낭비이기 때문이다. 그러므로 사람들은 물건을 사겠다는 결정을 내리기 전에 그것이 꼭 필요한지를 고려해야 한다. 또한 돈을 더 현명하게 소비하는 또 하나의 방법은 사고자 하는 물품의 목록을 만드는 것이다. 이런 점에서, 물건을 사기 전에 구매하려는 이유에 대해서 생각해보는 것이 좋다.

영작 연습하기

● 정답은 해설집에서 확인

1. 둘째로, 대인 관계술은 직원들이 고객을 대할 때 그들에게 절대적으로 필요하다.

→

2. 이런 점에서, 직원이 훌륭한 대인 관계술을 가지고 있으면, 고객들은 서비스에 만족할 것이다.

→

4. 결론

> In conclusion, there are some things[factors] when S + V
>
> People should 본론 ① and 본론 ②
>
> As a result, ~

결론적으로, ~할 때는 어떤 것들[요소들]이 있다.

사람들은 (본론 ①) 그리고 (본론 ②) 해야 한다

결과적으로, ~

예문 In conclusion, there are a lot of features when buying a product. People should be willing to pay money for a good quality product and consider whether it is necessary or not. In this regard, people should spend their money more carefully according to their own factors when choosing a product.

결론적으로, 물건을 살 때는 많은 요소들이 있다. 사람들은 품질 좋은 물건을 위해 기꺼이 돈을 소비하고 그것이 필요한지 아닌지에 대해 생각해야 한다. 이런 점에서, 사람들은 물건을 선택할 때 자신만의 기준에 따라 보다 주의 깊게 돈을 소비해야 한다.

결론에서는 새로운 아이디어를 추가하지 말고 본론에서 언급했던 내용만을 반복해준다.

TOEIC Speaking

Directions: Read the question below. You have 30 minutes to plan, write, and revise your essay. Typically, an effective response will contain a minimum of 300 words.

Do you agree or disagree with the following statement?
Playing a game is fun only when you win.
Use specific reasons and examples to support your answer.

아쉬운 답변

★★ 1~2점

I disagree the idea. I love a game because the game is fun. I played the game with my family, it's good.
First I like a game. I play a game with my friend in school. And we will be a good friend.
If we win the game, we will happy. But it's no all. Sometimes, we can lost it.
When you lose the game. we will disappoint with them.
We can happy sometimes we lost the game. Because we make friends and has good time together. Therefore, I disagree.

첨삭 노트

❶ 먼저 이 글은 에세이 형식에 전혀 맞지 않는 형식입니다. 에세이는 〈서론 – 본론 ① – 본론 ② – 결론〉의 형식을 갖고 있어야 합니다. 이 글은 문법적인 오류를 따지기에 앞서 구성이 맞지 않습니다.

❷ 서론은 항상 양쪽의 입장을 모두 보여주는 일반적인 글로 시작해야 합니다. TOEIC Speaking에서처럼 자기 주장을 먼저 단도직입적으로 말하지 말고 Many people think that people play games to win. However, there are others who believe that winning is not important.와 같이 양측의 입장을 포괄하여 언급한 이후에 자신의 주장을 제시해야 합니다.

❸ 답변을 쉽게 쓰려고 한 점은 좋지만, 짧은 문장을 연속적으로 사용하여 문장 구성력과 어휘가 부족합니다. 짧은 문장을 연속적으로 사용하기보다는 주장과 어울리게 정리해서 써주세요.
→ First of all, I like to play games. I can get closer to my friends through playing games with them.

❹ 자기 주장을 뒷받침하는 설명이 너무 단조롭습니다. 에세이에서는 자신의 주장을 적절한 예시로 충분히 설명해주어야 합니다. 일기처럼 생각나는 그대로 쓰지 않습니다. '승리할 때만 게임을 하는 것이 즐겁다.'라는 주장에 동의하지 않는다면 승리하지 않아도 즐거운 점을 쓸 수 있어야 하는데, we will be a good friend와 we make friends처럼 계속 친구가 되는 것에 관한 얘기를 반복하고 있습니다.

❺ 위 답변은 문법적인 점보다 구성과 어휘 부분에서 전체적으로 부족하지만 문법적 오류도 너무 많기 때문에 이해하기 더 어렵습니다. 조동사 뒤에는 동사원형이 와야 하며, we는 복수 주어이므로 3인칭 단수 동사를 쓸 수 없습니다.
we will happy → we will be happy   we can lost it → we can lose it
we make friends and has a good time → we make friends and have a good time

1대 1 맞춤 과외 방식의 첨삭 노트로 나의 문제점을 진단해봅니다!
모범 답안으로 확실하게 실력을 올리세요.

TOEIC Writing

아쉬운 답변

★ ★ ★
2~3점

Many people are think that it is important to win when people playing games. I agree with that winning the games are not important.

To begin with, it's good to enjoy games with others.
For examples, When I was young, I can't get along with friends because my introverted personality but I changed a lot. I learn a lot of things through playing games.

My parents are so busy working that they couldn't take care of me when I was young. I could spend a lot of time with friends while play games, although I have nothing without parents. I have no problem playing games. As a result, Take our time, Enjoying games.

I agree that it's not important to win when we play games because playing games are process to enjoy time with others and there are a lot of good things while play games.

첨삭 노트

전체적으로 형식에 맞춰 쓰려고 노력했습니다. 하지만 구성력이 약하고 문법적인 실수가 너무 많은 글입니다. 기본적인 문법은 모두 갖추어야 합니다. 어려운 문법을 굳이 활용하려고 하기보다는, 시제, 인칭을 기본적으로 맞추려고 노력해야 합니다. 구성력을 갖추기 위해서는 먼저 연결어를 잘 활용해서 시작하면 됩니다.

- 본론 ①: To begin with, S + V
- 본론 ②: In addition, S + V
- 결론: In conclusion, S + V

서론 첨삭

❶ 서론은 사실의 일반화로 시작해야 하며, 서론 끝부분에 반드시 본론 ①과 ②에 나올 main idea를 삽입해야 합니다.

❷ Many people are think that it is important to win when people playing games. 부분은 문법적인 실수가 많습니다. 먼저 동사는 2개를 같이 사용하지 않습니다. 진행형은 항상 be -ing입니다.
→ Many people think that it is important to win when people play games.

❸ I agree with that winning the games are not important. 문장은 수정이 필요합니다. 동명사가 주어 자리에 나오면 항상 3인칭 단수로 취급합니다. games가 아니라 winning이 주어이므로 3인칭 단수 동사를 쓰세요.
→ I agree that winning games is not important.

본론 첨삭

❶ 본론 ①: 연결어 To begin with를 잘 사용하였습니다. 본론 ②도 적절한 연결어를 써야 합니다. 본론 ②의 연결어로는 In addition이 적절합니다.

❷ 예문을 사용했을 경우 내용이 과거라면 시제를 일치시켜 주세요. 더불어 꼭 예문을 한 번 정리해 주세요.

❸ For examples, When I was young, I can't get along with friends는 시제에 문제가 있습니다. when I was young이라고 과거의 시간을 예로 들었기 때문에 뒤에도 과거형인 couldn't로 일치시켜 주세요.
→ For example, when I was young, I couldn't get along with my friends

결론 첨삭

❶ 결론 부분에도 본론처럼 연결어를 사용해서 구성력을 갖춰주세요. 결론을 시작할 때는 In conclusion이 좋습니다. 처음부터 본인의 주장을 언급하지 말고 일반적인 사실로 시작하세요.

❷ I agree that it's not important to win when we play games는 다음과 같이 수정해주세요.
→ In conclusion, we can have fun even though we lose games.

✎ 만점 답변

Many people think that people play games to win. However, there are others who believe that winning is not important. I agree that playing games can be fun without winning because there are important benefits to playing games, like learning rules that may be applied elsewhere, as well as spending time with family and friends.

To begin with, it is important to learn how games work. For example, when I was a swimmer, one day I prepared for a swimming competition. Our team members always swam until late at night because we wanted to be winners in the competition. Unfortunately, we did not win the competition. However, we were not disappointed with the results because we realized that doing our best was more important than winning. Therefore, people should focus on the "process" instead of the result.

In addition, another reason why people can have fun playing games is that they can spend time with their families and friends. Nowadays, we are busy with work or studies. But when we have free time, we want to spend that time with family and friends. Playing games together is an easy way to enjoy our spare time with family and friends because it allows us to talk and get along with each other more. Also, it can reduce stress, as well as be fun. This is why even though people lose games, they still can enjoy free time to the fullest. As a result, playing games gives us a chance to spend time with family and friends.

In conclusion, we can have fun even though we lose games because the "process" of playing is more important. Also, we can get closer with family and friends by spending time together. For these reasons, I disagree that we can have fun playing games only if we win.

▶ 230페이지

TOEIC Writing

Question 1

Directions: Read the question below. You have 30 minutes to plan, write, and revise your essay. Typically, an effective response will contain a minimum of 300 words.

Do you think it is necessary for students to take a class on public speaking?

●모범 답안은 231페이지에서 확인하세요!

TOEIC Writing　　　　　　　　　　Question 2　　　

Directions: Read the question below. You have 30 minutes to plan, write, and revise your essay. Typically, an effective response will contain a minimum of 300 words.

Which of the following do you think students should do during their summer vacation?
- travel
- do community service
- spend time with their friends

● 모범 답안은 233페이지에서 확인하세요!

Q&A 에세이 쓰기

1

Speaking Test처럼 답변에 준비할 시간이 주어지나요?

답변을 준비할 시간은 따로 없습니다. 30분 안에 지문을 읽고 아이디어를 떠올려서 글을 써야 합니다. 30분이 다 되면 아무런 경고 메시지 없이 다음 화면으로 넘어갑니다.

2

어느 정도의 분량을 써야 하나요?

300단어 이상을 써야 합니다. 하지만 300단어를 꼭 넘겨야 레벨 7이 나오는 것은 아닙니다. 전체적인 구성이 맞고 Part 1과 Part 2를 큰 실수 없이 했다면 300단어를 꼭 채우지 못해도 레벨 7이 나오는 경우도 많이 있습니다. 글자 수보다 구성이 중요합니다.

3

연필로 간단히 메모를 할 수는 없나요?

시험 시간에는 책상 위에 신분증과 전원이 꺼진 핸드폰만 놓을 수 있으며 시험장에서는 어떠한 필기도구도 소지할 수 없습니다. 컴퓨터로 아이디어를 정리해야 합니다.

4

만약에 에세이를 하나도 쓰지 못하면 어떻게 되나요?

에세이가 어렵다고 생각하고 처음부터 포기하는 학생들도 많이 있습니다. 하지만 사진 묘사와 이메일 쓰기를 아무리 잘해도 에세이를 전혀 쓰지 않으면 좋은 점수를 얻을 수 없습니다. TOEIC Writing 에세이 역시 시험 영어이기 때문에 어느 정도의 틀이 있으니 무조건 포기하지는 마세요.

5

Control 키가 사용되나요?

사용되지 않습니다. 위쪽에 오려두기와 붙이기의 기능은 있기 때문에 활용할 수 있지만, 흔히 많이 사용하는 Control 키는 사용되지 않습니다.

ACTUAL TEST

ACTUAL
TEST
1

TOEIC Writing Test Directions

This is the TOEIC Writing Test.

This test includes eight questions that measure different aspects of your writing ability.

The test lasts approximately one hour.

Question	Task	Evaluation Criteria
1-5	Write a sentence based on a picture	• grammar • relevance of the sentences to the pictures
6-7	Respond to a written request	• quality and variety of your sentences • vocabulary • organization
8	Write an opinion essay	• whether your opinion is supported with reasons and/or examples • grammar • vocabulary • organization

For each type of questions, you will be given specific directions, including the time allowed for writing.

Click on **Continue** to go on.

TOEIC Writing Test

Directions: Write ONE sentence that is based on the picture using the TWO words or phrases under it. You may change the forms of the words and you may use them in any order.

carry / box

Cut	Paste	Undo	Redo

TOEIC Writing Test

Directions: Write ONE sentence that is based on the picture using the TWO words or phrases under it. You may change the forms of the words and you may use them in any order.

fish / shop

Cut	Paste	Undo	Redo

TOEIC Writing Test

Directions: Write ONE sentence that is based on the picture using the TWO words or phrases under it. You may change the forms of the words and you may use them in any order.

man / in order to

Cut	Paste	Undo	Redo

TOEIC Writing Test

Directions: Write ONE sentence that is based on the picture using the TWO words or phrases under it. You may change the forms of the words and you may use them in any order.

stair / woman

| Cut | Paste | Undo | Redo |

TOEIC Writing Test

Directions: Write ONE sentence that is based on the picture using the TWO words or phrases under it. You may change the forms of the words and you may use them in any order.

cook / how

| Cut | Paste | Undo | Redo |

Directions: Read the e-mail below.

From: Rosebud Cottages
To: Subscribers
Subject: Big Event
Sent: March 2, 1:39 P.M.

Thank you for your interest in one of our vacation rentals. Our company provides a variety of equipment and services.

We want you to have a great vacation. If you make a reservation this month, you'll receive a special discount. Our rentals are perfect for spending time with friends and family or for couples going on a romantic getaway. Please feel free to contact me if you have any questions.

Directions: Respond to the e-mail. Include ONE piece of information and TWO questions.

Cut	Paste	Undo	Redo

Directions: Read the e-mail below.

From :   Laura Banks
To: Art Attack Academy
Subject : Class inquiry
Sent: June 28, 10:13 A.M.

I am interested in your art school. I moved into this neighborhood last week and have two children who like art.
I want to know more about the program and wonder if there is an opportunity to sit in on a class before signing up. I'd appreciate it if you could send me more details.

Directions: Respond to the e-mail. In your e-mail, provide TWO pieces of information and ask ONE question.

Cut	Paste	Undo	Redo

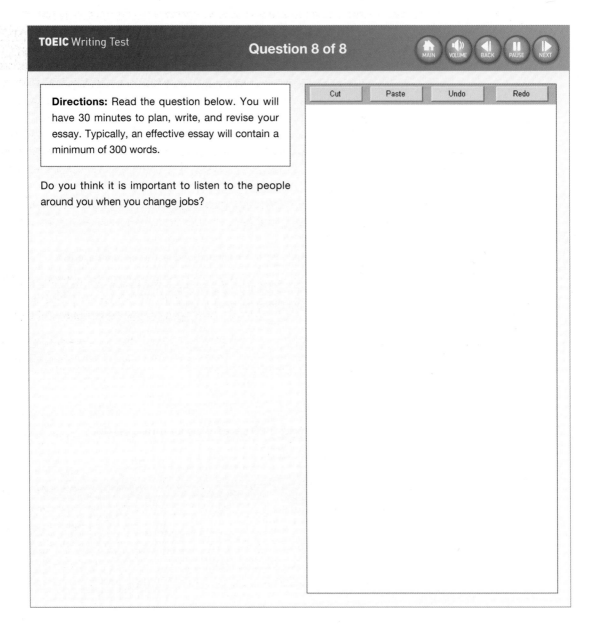

Cut | Paste | Undo | Redo

Directions: Read the question below. You will have 30 minutes to plan, write, and revise your essay. Typically, an effective essay will contain a minimum of 300 words.

Do you think it is important to listen to the people around you when you change jobs?

ACTUAL
TEST
2

TOEIC Writing Test Directions

This is the TOEIC Writing Test.

This test includes eight questions that measure different aspects of your writing ability.

The test lasts approximately one hour.

Question	Task	Evaluation Criteria
1-5	Write a sentence based on a picture	• grammar • relevance of the sentences to the pictures
6-7	Respond to a written request	• quality and variety of your sentences • vocabulary • organization
8	Write an opinion essay	• whether your opinion is supported with reasons and/or examples • grammar • vocabulary • organization

For each type of questions, you will be given specific directions, including the time allowed for writing.

Click on **Continue** to go on.

TOEIC Writing Test

Directions: Write ONE sentence that is based on the picture using the TWO words or phrases under it. You may change the forms of the words and you may use them in any order.

pick / apple

| Cut | Paste | Undo | Redo |

TOEIC Writing Test

Directions: Write ONE sentence that is based on the picture using the TWO words or phrases under it. You may change the forms of the words and you may use them in any order.

clock / many

| Cut | Paste | Undo | Redo |

TOEIC Writing Test

Directions: Write ONE sentence that is based on the picture using the TWO words or phrases under it. You may change the forms of the words and you may use them in any order.

play / since

| Cut | Paste | Undo | Redo |

TOEIC Writing Test

Directions: Write ONE sentence that is based on the picture using the TWO words or phrases under it. You may change the forms of the words and you may use them in any order.

chart / and

Cut	Paste	Undo	Redo

TOEIC Writing Test

Directions: Write ONE sentence that is based on the picture using the TWO words or phrases under it. You may change the forms of the words and you may use them in any order.

pay / after

Cut	Paste	Undo	Redo

TOEIC Writing Test   **Question 6 of 8**

Directions: Read the e-mail below.

From: Joy Club
To: ABC Apartment residents
Subject: Invitation
Sent: November 11, 8:42 P.M.

We have started a movie club for residents of the apartment complex. We will screen movies and have other activities for residents, too. Those interested in movies should join the club.

Directions: Respond to the e-mail. In your e-mail, give ONE piece of information and ask TWO questions.

Directions: Read the e-mail below.

From: Green Charity
To: Our members
Subject: Volunteer for children in need
Sent: May 19, 2:11 P.M.

Our charity is looking for volunteers to teach children in need. We would like applicants who can teach art, music, and science. If you are interested, please send us a copy of your résumé. Please feel free to let us know if you have any questions and ideas.

Directions: Respond to the e-mail. In your e-mail, give TWO pieces of information and make ONE suggestion or ask ONE question.

| Cut | Paste | Undo | Redo |

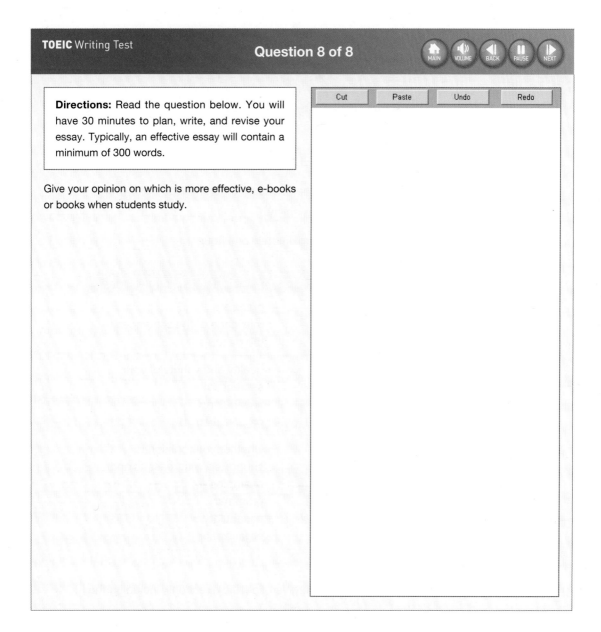

TOEIC Writing Test

Question 8 of 8

MAIN · VOLUME · BACK · PAUSE · NEXT

Cut | Paste | Undo | Redo

Directions: Read the question below. You will have 30 minutes to plan, write, and revise your essay. Typically, an effective essay will contain a minimum of 300 words.

Give your opinion on which is more effective, e-books or books when students study.

ACTUAL
TEST
3

TOEIC Writing Test Directions

This is the TOEIC Writing Test.

This test includes eight questions that measure different aspects of your writing ability.

The test lasts approximately one hour.

Question	Task	Evaluation Criteria
1-5	Write a sentence based on a picture	• grammar • relevance of the sentences to the pictures
6-7	Respond to a written request	• quality and variety of your sentences • vocabulary • organization
8	Write an opinion essay	• whether your opinion is supported with reasons and/or examples • grammar • vocabulary • organization

For each type of questions, you will be given specific directions, including the time allowed for writing.

Click on **Continue** to go on.

Directions: Write ONE sentence that is based on the picture using the TWO words or phrases under it. You may change the forms of the words and you may use them in any order.

park / bench

Cut	Paste	Undo	Redo

TOEIC Writing Test

Directions: Write ONE sentence that is based on the picture using the TWO words or phrases under it. You may change the forms of the words and you may use them in any order.

port / ship

Cut	Paste	Undo	Redo

TOEIC Writing Test

Directions: Write ONE sentence that is based on the picture using the TWO words or phrases under it. You may change the forms of the words and you may use them in any order.

go / so that

| Cut | Paste | Undo | Redo |

TOEIC Writing Test

Directions: Write ONE sentence that is based on the picture using the TWO words or phrases under it. You may change the forms of the words and you may use them in any order.

woman / sweep

Cut	Paste	Undo	Redo

TOEIC Writing Test

Directions: Write ONE sentence that is based on the picture using the TWO words or phrases under it. You may change the forms of the words and you may use them in any order.

as / show

| Cut | Paste | Undo | Redo |

TOEIC Writing Test

Question 6 of 8

Directions: Read the e-mail below.

From:	PURI Electronic
To:	Recent customers
Subject:	Service feedback
Sent:	July 5, 4:32 P.M.

Thank you for purchasing one of our electronic devices. If you leave a comment after using the device, you will be entered into a drawing, and one lucky winner will receive a gift. Please inform us of any inconveniences you have experienced while using the device and give your suggestions on how we can improve it.

All feedback is appreciated.

Directions: Respond to the e-mail. In your e-mail, give TWO pieces of information and make ONE suggestion.

Cut	Paste	Undo	Redo

Directions: Read the e-mail below.

From: Ally Lee
To: Red City Tours
Subject: City sightseeing
Sent: October 5, 9:30 A.M.

After my business trip in Paris, I'm planning to go on a private tour for about a week. I heard your company is a famous travel agency. Can you recommend a suitable package for me? I want to visit all the famous tourist attractions.

Directions: Respond to the e-mail as if you work for a tour company. In your e-mail, give TWO pieces of information and ask ONE question.

| Cut | Paste | Undo | Redo |

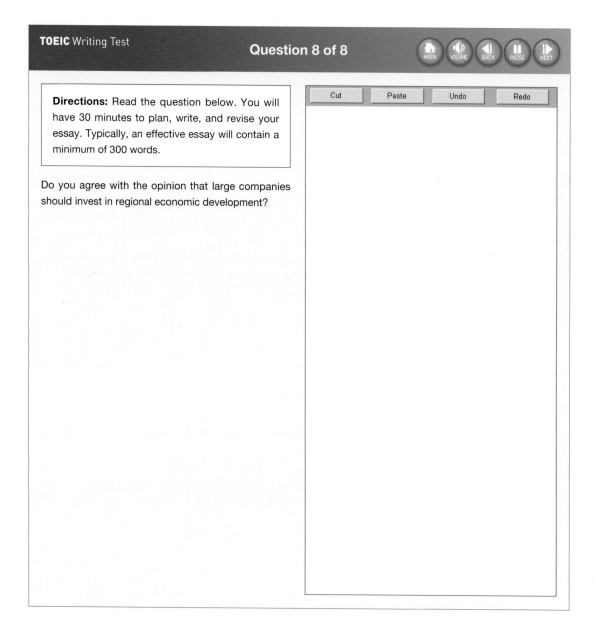

ACTUAL TEST 4

TOEIC Writing Test Directions

This is the TOEIC Writing Test.

This test includes eight questions that measure different aspects of your writing ability.

The test lasts approximately one hour.

Question	Task	Evaluation Criteria
1-5	Write a sentence based on a picture	• grammar • relevance of the sentences to the pictures
6-7	Respond to a written request	• quality and variety of your sentences • vocabulary • organization
8	Write an opinion essay	• whether your opinion is supported with reasons and/or examples • grammar • vocabulary • organization

For each type of questions, you will be given specific directions, including the time allowed for writing.

Click on **Continue** to go on.

TOEIC Writing Test

Directions: Write ONE sentence that is based on the picture using the TWO words or phrases under it. You may change the forms of the words and you may use them in any order.

woman / as

Cut	Paste	Undo	Redo

TOEIC Writing Test

Directions: Write ONE sentence that is based on the picture using the TWO words or phrases under it. You may change the forms of the words and you may use them in any order.

man / take

Cut	Paste	Undo	Redo

TOEIC Writing Test

Directions: Write ONE sentence that is based on the picture using the TWO words or phrases under it. You may change the forms of the words and you may use them in any order.

use / in

Cut	Paste	Undo	Redo

TOEIC Writing Test

Directions: Write ONE sentence that is based on the picture using the TWO words or phrases under it. You may change the forms of the words and you may use them in any order.

how / teach

Cut	Paste	Undo	Redo

Directions: Write ONE sentence that is based on the picture using the TWO words or phrases under it. You may change the forms of the words and you may use them in any order.

fix / for

Cut	Paste	Undo	Redo

Directions: Read the e-mail below.

From: James, Sales Department
To: All staff members
Subject: Retirement of the CEO
Sent: April 19, 1:30 P.M.

We are planning to hold the CEO's retirement ceremony next month. He has worked for this company for 30 years. We're having a party to celebrate his contributions. I know some of you helped plan a similar party last year. I would appreciate it if you could give me some good ideas or suggestions.

Directions: Respond to the e-mail. In your e-mail, give TWO suggestions and ONE piece of information.

Cut	Paste	Undo	Redo

TOEIC Writing Test

Question 7 of 8

Directions: Read the e-mail below.

From: Adrian, HR Department
To: All employees
Subject: Summer vacation schedule
Sent: May 1, 10:11 A.M.

I'm arranging my summer vacation schedule. Please let me know the dates of your expected summer vacations as soon as possible. I understand that the peak time for each department is different. Please apply for your vacation with consideration of your department's situation.

Directions: Respond to the e-mail. In your e-mail, give TWO pieces of information and ask ONE question.

Cut	Paste	Undo	Redo

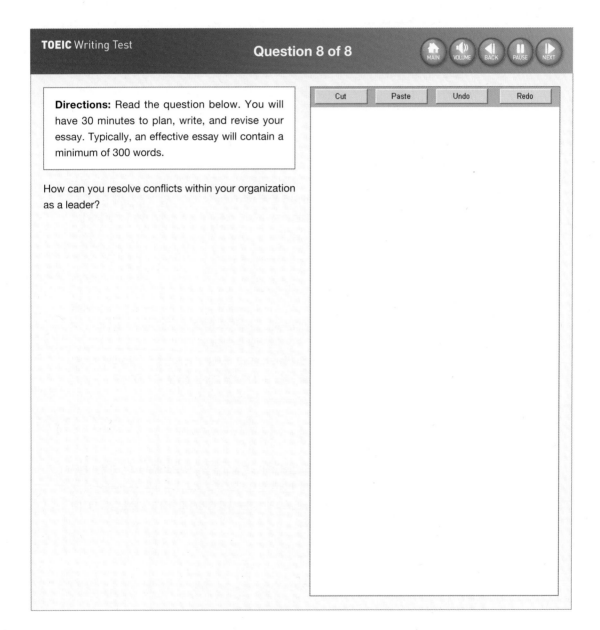

TOEIC Writing Test

MAIN   VOLUME   BACK   PAUSE   NEXT

Cut   Paste   Undo   Redo

Directions: Read the question below. You will have 30 minutes to plan, write, and revise your essay. Typically, an effective essay will contain a minimum of 300 words.

How can you resolve conflicts within your organization as a leader?

Q&A 만점 영작 비법

1 주어와 동사를 찾는 습관을 가지세요.

영작을 어려워하는 학생들은 생각한 한국말을 한꺼번에 모두 쓰려고 합니다. 그러면 더 어렵게 느껴지고, 단어만 나열할 뿐 문장을 만들 수가 없습니다.

영작을 할 때는 항상 제일 먼저 주어와 동사를 찾으려고 노력하세요. 그러면 빠르게 영작할 수 있습니다. 예를 들어 '공부를 열심히 하려고 결심했다'를 영작할 때 맨 앞에 있는 '공부'에 너무 집중하면 안 되겠죠? 주체는 '나'(I)입니다. 'I decided to study hard.'로 만들어야 합니다.

2 모든 표현은 동사부터 암기하세요.

많은 학생들이 단어나 표현을 암기하지만 영작에서 활용을 잘 못하는 경우가 많습니다. 그 이유는 동사를 암기하지 않고 명사만 외우기 때문입니다. 예를 들어 'blind date'(소개팅)만 암기하면 실제 문장을 만들 때는 적용하기 어렵습니다. 항상 암기할 때는 'have a blind date / go on a blind date'(소개팅하다)로 암기해야 문장 속에 빠르고 쉽게 적용할 수 있습니다.

3 암기한 단어로 영어 일기를 쓰세요.

우리나라 학생들은 단어, 숙어 그리고 문장을 모두 따로따로 공부합니다. 하지만 모든 것은 연결되어 있어요. 암기한 단어와 숙어로 문장을 만드는 연습을 하면 정확한 의미를 빠르게 암기할 수 있습니다. 또한 영어 일기에 적용하면 정말 재미있게 단어와 숙어를 암기할 수 있습니다.

많은 학생들이 첨삭을 받을 수 없기 때문에 일기를 안 쓴다고 하지만 그건 핑계일 수 있습니다. 첨삭을 받지 못하더라도 정확하게 외운 단어와 숙어로 글을 쓰기 때문에 대부분 정확한 문장을 만들 수 있습니다. 꼭 시도해보세요.

4 SNS를 활용하세요.

요즘 블로그나 페이스북과 같이 다양한 SNS 활동을 하는 분들이 많을 거예요. 이곳에서는 외국인 친구를 만들기도 쉽기 때문에 안부를 묻는 정도의 영어로 글을 남길 수도 있습니다. 또한 간단한 문장을 댓글을 통해 연습해볼 수 있어요. 너무 어려운 글을 쓰기보다는 생활 속에서 표현하고 싶은 문장을 영작한다면 더 많은 재미와 동기 부여를 느낄 거예요.

04

TOEIC Writing

부록과
정 답

어휘 정리 워크북

WORKBOOK

배운 어휘들을 꼼꼼하게 복습하고 영작으로 마무리해보자.

총 29개의 Lesson을 공부하고 나면, TOEIC Writing뿐만 아니라

일반 영작에도 자신감이 붙을 것이다.

본문에 나온 어휘를 복습하세요.

TOEIC Writing

01 mechanical

a. 기계적인, 기계에 의한

02 be in charge of

~을 담당하다

03 take a day off

하루 휴가를 얻다

04 in advance

미리, 사전에

05 have trouble -ing

~하는 데 어려움을 겪다

06 be satisfied with

~에 만족하다

07 in response to

~에 응하여

08 regarding

prep. ~에 대하여

09 consent

v. 동의하다, 승낙하다   **n.** 동의, 승낙

10 look forward to

~을 학수고대하다

11 sincerely

ad. 진심으로   **a. sincere** 진심의

12 inform

v. 알리다, 통지하다   **n. information** 정보

13 hesitate

v. 망설이다   **a. hesitant** 망설이는

14 have an interview

면접을 보다

15 insignificant

a. 무의미한, 중요하지 않은

16 instead of

~ 대신에

영작 연습하기

위에서 학습한 어휘를 이용해 영작하세요.

1. 제가 지난주부터 몸이 안 좋습니다. 하루 휴무를 쓸 수 있을까요?

→

2. 저는 이 일을 처리하는 데 어려움이 있습니다.

→

3. 저는 귀사의 서비스에 만족합니다.

→

정답 1. I've been sick since last week. Could I take a day off? 2. I have trouble dealing with this task.
3. I am satisfied with your service.

01 relocate
v. 이전하다   n. relocation 재배치

02 appreciate
v. 고마워하다, 인정하다

03 overseas
a. 해외의

04 imperative
a. 반드시 해야 하는

05 apply for
~에 지원하다

06 work from home
재택근무하다

07 testify
v. 증명하다, 선언하다

08 improve
v. 향상시키다   n. improvement 향상

09 coverage
n. 보도, 범위, 보급

10 compete
v. 경쟁하다   n. competition 경쟁

11 sign up for
~에 등록하다

12 reside
v. 살다, 거주하다

13 proposal
n. 제안, 제의

14 successor
n. 후임자

15 win an award
상을 받다

16 get a discount
할인을 받다

영작 연습하기
위에서 학습한 어휘를 이용해 영작하세요.

1. 저는 그 회사에 지원하고 싶습니다.

→

2. 제가 언제까지 그 수업에 등록해야 하는지 알고 싶습니다.

→

3. 제가 여행을 갈 예정입니다. 할인을 받을 수 있을까요?

→

정답   **1.** I'd like to apply for the company.   **2.** I'd like to know by when I should sign up for the class.
     3. I'm planning to go on a trip. Can I get a discount?

본문에 나온 어휘를 복습하세요.

TOEIC Writing

01 look for

~을 찾다

02 outdated

a. 구식인

03 get a job

직장을 구하다, 취업하다

04 resolve

v. 해결하다

05 for free

무료로

06 progress report

경과 보고

07 concurrently

ad. 동시에, 함께

08 welfare

n. 복지, 후생

09 take the credit

공로를 인정받다

10 run out

(공급품이) 다 떨어지다

11 be out of stock

품절되다

12 beverage

n. 음료

13 potential

a. 잠재적인　n. 잠재력

14 deal with

~을 다루다

15 confident

a. 자신감 있는　n. confidence 자신감

16 study abroad

해외 연수를 가다

영작 연습하기

위에서 학습한 어휘를 이용해 영작하세요.

1. 저희는 영어를 유창하게 하는 사람을 찾고 있습니다.

→

2. 저희 언니는 구직 중입니다.

→

3. 죄송하지만, 그 상품은 품절된 상태입니다.

→

정답 1. We're looking for a person who can speak English fluently.　2. My sister is getting a job.
3. I am sorry, but the product is out of stock.

01 go to work = leave for work
출근하다

02 technical
a. 전문적인, 기술의

03 work overtime
잔업하다

04 get off work = leave work
퇴근하다

05 go on a picnic
소풍을 가다

06 by turns
번갈아, 차례로, 교대로

07 prepare for
~을 준비하다

08 get a promotion
승진하다

09 wait in line
줄 서서 기다리다

10 sew
v. 바느질하다

11 float
v. (물에) 뜨다

12 vacant
a. 비어 있는

13 prefer
v. 선호하다   **n.** preference 선호

14 be interested in
~에 관심이 있다

15 support
v. 지지하다, 후원하다

16 advantage
n. 이점, 장점

영작 연습하기

위에서 학습한 어휘를 이용해 영작하세요.

1. 저희 언니는 매일 잔업을 해서 스트레스를 받고 있습니다.

→

2. 저는 작년부터 그 자리에 관심을 갖고 있었습니다.

→

3. 그는 작년에 승진을 했습니다.

→

정답 **1.** My sister works overtime every day, so she gets stressed.   **2.** I've been interested in the position since last year.
3. He got a promotion last year.

TOEIC Writing

01 get along with

~와 어울리다

02 introverted

a. 내성적인

03 extroverted

a. 외향적인

04 be busy -ing

~하느라 바쁘다

05 common goal

공동의 목표

06 achieve

v. 성취하다   **n.** achievement 성취

07 spare time = leisure time

여가 시간

08 debate

v. 논쟁하다   **n.** 논쟁

09 force

v. 강요하다   **n.** 힘

10 approachable

a. 접근 가능한   **v.** approach 접근하다

11 staff gathering

직원 모임

12 beneficial

a. 유익한, 이로운

13 personal connections

인맥

14 desire

v. 바라다, 원하다   **n.** 욕망

15 ensure

v. 보장하다

16 have a conversation with

~와 대화하다

영작 연습하기

위에서 학습한 어휘를 이용해 영작하세요.

1. 저는 내성적인 성격이라서 친구들과 어울릴 수 없었습니다.

→

2. 우리는 영어로 외국인들과 대화할 수 있습니다.

→

3. 제 부모님들은 일하느라 바쁘십니다.

→

정답 1. I had an introverted personality, so I couldn't get along with my friends. 2. We can have a conversation with foreigners in English. 3. My parents are busy working.

01 participate
v. 참가하다   n. participation 참가

02 hang around with
~와 시간을 보내다

03 for instance = for example
예를 들어

04 graduate from
~을 졸업하다

05 lack
n. 부족   v. ~이 부족하다

06 socialize
v. (사람들과) 어울리다

07 educational background
학력

08 encourage
v. 격려하다   n. encouragement 격려

09 for certain
확실히, 틀림없이

10 in a hurry
급히, 서둘러서, 황급히

11 to begin with
우선

12 work for
~에서 일하다

13 change jobs
이직하다

14 sacrifice
n. 희생   v. 희생하다

15 flexible
a. 유연한   n. flexibility 유연성, 탄력성

16 institute
n. (교육 · 전문 직종과 관련된) 기관

영작 연습하기   위에서 학습한 어휘를 이용해 영작하세요.

1. 저는 작년에 학교를 졸업했습니다.
→

2. 당신의 학력에 관한 정보를 저에게 보내주시겠어요?
→

3. 대부분의 사람들이 이직을 하고 싶어 합니다.
→

정답 **1.** I graduated from school last year.   **2.** Could you send me some information about your educational background?
3. Most of the people want to change jobs.

TOEIC Writing

01 whereas

conj. 반면에

02 be absent from

~에 결석하다

03 constraint

n. 제약

04 catch up with

~을 따라잡다

05 predecessor

n. 전임자

06 teamwork skills

팀워크 기술

07 pros and cons

찬반 양론

08 tend to

~하는 경향이 있다

09 large company

대기업

10 give birth to a baby

출산하다

11 be based on

~에 기초를 두다

12 manual labor

육체 노동

13 frequently

ad. 자주, 흔히   a. frequent 잦은, 빈번한

14 switch

v. 바꾸다, 전환하다

15 atmosphere

n. 분위기

16 quit

v. (직장, 학교 등을) 그만두다

영작 연습하기

위에서 학습한 어휘를 이용해 영작하세요.

1. 그는 지난주 목요일부터 결석하고 있습니다.

→

2. 그 영화는 유명한 소설에 기반을 두고 있습니다.

→

3. 저희 언니는 작년에 출산을 했습니다.

→

정답 1. He has been absent from school since last Thursday. 2. The movie is based on a popular novel.
3. My sister gave birth to a baby last year.

01 self-development

n. 자기 개발

02 on the other hand

다른 한편으로, 반면에

03 build one's career

경력을 쌓다

04 be worth -ing

~할 가치가 있다

05 interpersonal

a. 대인관계에 관련된

06 added responsibilities

책임감 증가

07 consist of

~로 이루어지다

08 vice

n. 악덕, 부도덕, 타락

09 be willing to

기꺼이 ~하다

10 alleviate

v. 완화하다

11 on-the-job

a. 근무 중의

12 appealing

a. 매력적인

13 undertake

v. 일을 떠맡다

14 encourage A to do

A가 ~하도록 권장하다

15 on earth

(의문, 부정 강조) 도대체, 도무지

16 warranty

n. 품질 보증서

영작 연습하기

위에서 학습한 어휘를 이용해 영작하세요.

1. 요즘 많은 기업이 직원들에게 재택 근무를 권장하고 있습니다.

→

2. 저는 그 회사에서 경력을 쌓고 싶습니다.

→

3. 제가 품질 보증서를 분실했습니다.

→

정답 **1.** A lot of companies these days encourage their employees to work from home. **2.** I want to build my career in the company.
3. I lost my warranty.

01 risky

a. 위험한 n. risk 위험

02 publicize

v. 발표하다

03 exaggerated

a. 과장된 v. exaggerate 과장하다

04 deserve

v. ~할[받을] 만하다

05 release

v. (대중들에게) 공개하다 n. 공개, 발표

06 go out of business

파산하다

07 manipulate viewers

시청자들을 조종하다

08 duplicate = copy

n. 사본

09 fit A into B

A를 B에 맞추다

10 complicated

a. 복잡한

11 merchandise = goods, commodity

n. 상품

12 tidy

a. 단정한 v. 정돈하다

13 compile

v. 모으다, 편집하다

14 come across as

(사람이) ~한 인상을 주다

15 off duty

비번인, 휴가의

16 rush

v. 서두르다 n. 분주함

｜ 영작 연습하기 ｜   위에서 학습한 어휘를 이용해 영작하세요.

1. 그는 승진할 만했습니다.

→

2. 새로운 휴대폰이 출시됐다고 하니 기쁩니다.

→

3. 그 회사는 파산했습니다.

→

정답 1. He deserved to get a promotion. 2. I am happy to hear that the new cell phone was released.
3. The company went out of business.

01 applicant = candidate

n. 지원자

02 temp

n. 임시 직원

03 support one's family

가족을 부양하다

04 certificate

n. 자격증

05 classifieds

n. (신문, 잡지 등의) 항목별 광고

06 hang out with

~와 어울리다

07 reference = recommendation

n. 추천서

08 tuition reimbursement

교육비 환급

09 extensive

a. 광범위한, 포괄적인

10 be likely to

~할 가능성이 크다

11 pension plan

연금

12 overtime compensation

초과 근무 수당

13 get a pay raise

임금이 인상되다

14 sick leave

병가

15 insurance plans

각종 보험

16 accomplish

v. 성취하다, 일을 해내다

영작 연습하기   위에서 학습한 어휘를 이용해 영작하세요.

1. 우리는 술자리를 통해서 동료들과 어울릴 수 있습니다.

→

2. 비가 올 것 같습니다.

→

3. 저는 취업을 해서 가족을 부양하고 싶습니다.

→

정답 1. We can hang out with our co-workers through drinking parties.   2. It's likely to rain.
3. I want to get a job and to support my family.

본문에 나온 어휘를 복습하세요.

TOEIC Writing

01 be loyal to

~에 충성하다

02 flexible working hours

탄력[업무 시간 선택] 근무제

03 arrange

v. 정리하다, 마련하다

04 organize finances

재정을 관리하다, 돈을 관리하다

05 vital

a. 중요한, 없어서는 안 될

06 likewise

ad. 마찬가지로

07 be entitled to

~할[의] 자격을 부여 받다

08 executive

n. 간부

09 be engaged in

~에 종사하다[관여하다]

10 cover letter

자기소개서

11 supervisor

n. (현장) 감독, 팀장 v. supervise 감독하다

12 get accustomed to

~에 익숙해지다

13 inspirational

a. 영감을 주는

14 independence

n. 독립 a. independent 독립된

15 persistence

n. 인내력 a. persistent 끈질긴

16 bond with

~와 친밀한 관계를 맺다

영작 연습하기

위에서 학습한 어휘를 이용해 영작하세요.

1. 많은 사람들이 탄력 근무제를 선호합니다.

→

2. 저는 새로운 회사에 익숙해지고 있는 중입니다.

→

3. 이것은 인내력을 요구하는 직업입니다.

→

정답 **1.** Many people prefer flexible working hours. **2.** I am getting accustomed to the new company.
3. It's a job that requires persistence.

01 good communicator

의사소통을 잘하는 사람

02 possess

v. 소지하다 n. possession 소지

03 crucial

a. 결정적인, 아주 중대한

04 rewarding

a. 보람 있는

05 tow

v. (차를) 견인하다

06 feel the pressure

부담을 느끼다

07 financial matter

금전적인 문제

08 misinformation

잘못된 정보

09 violent

a. 폭력적인 n. violence 폭력

10 drawback

n. 단점, 결점

11 relieve stress

스트레스를 풀다

12 comply with

(규칙, 요구, 명령) 따르다, 응하다

13 pop culture

대중 문화

14 superior

a. 우수한 n. superiority 우세

15 fatigue

n. 피로감

16 conclude

v. 결론을 내리다 n. conclusion 결론

| 영작 연습하기 | 위에서 학습한 어휘를 이용해 영작하세요.

1. 좋은 동료는 의사소통을 잘하는 사람이어야 합니다.

→

2. 저는 동료들과 얘기하면서 스트레스를 풀 수 있습니다.

→

3. 그 소식을 들었을 때 저는 부담을 느꼈습니다.

→

정답 **1.** A good co-worker should be a good communicator. **2.** I can relieve stress through talking with my co-workers.
3. I felt the pressure when I heard the news.

01 have an impact on

~에 영향을 주다

02 real estate

부동산

03 vehicle

n. 운송 수단

04 overall

ad. 종합적으로 **a.** 종합적인

05 annual leave

연차 휴가

06 no later than

늦어도 ~까지는

07 prescribe

v. 처방하다 **n.** prescription 처방

08 enroll

v. 등록하다 **n.** enrollment 등록

09 develop one's potential

잠재력을 개발하다

10 daily updated

매일 갱신되는

11 session

n. 모임, 강좌(시간)

12 replace

~을 대신하다

13 obscene

a. 선정적인

14 get fired

해고되다

15 luxury item

명품

16 trend

n. 동향, 추세

영작 연습하기   위에서 학습한 어휘를 이용해 영작하세요.

1. 그는 작년에 해고됐습니다.

→

2. 우리는 잠재력을 개발해야 합니다.

→

3. 많은 여자들이 명품을 좋아합니다.

→

정답 1. He got fired last year.   2. We should develop our potential.
3. Many women like luxury items.

01 recruitment

n. 신규 모집 v. recruit 모집하다

02 innovative

a. 혁신적인 n. innovation 혁신

03 set up a schedule

일정을 세우다

04 contribution to

~에 대한 기여

05 durable

a. 내구성 좋은 n. durability 내구성

06 unpredictable

a. 예측할 수 없는

07 feel content

만족하다

08 extra

a. 추가의, 별도의 n. 추가되는 것

09 in sum

요컨대

10 office supplies

사무용품

11 in comparison with

~와 비교하여

12 confusion

n. 혼란, 분란 v. confuse 혼란시키다

13 marketplace

n. 시장

14 pursue profit

이윤을 추구하다

15 application

n. 지원서 n. applicant 지원자

16 commercial

n. 광고 방송 a. 상업의

영작 연습하기

위에서 학습한 어휘를 이용해 영작하세요.

1. 우리는 직원을 모집할 계획이 없습니다.

→

2. 제가 어제 사무용품을 주문했습니다.

→

3. 귀사 웹 사이트에서 지원서를 제출할 수 있나요?

→

정답 **1.** We have no plan to recruit any employees. **2.** I ordered the office supplies yesterday.
3. Can I submit the application on your web site?

01 industry
n. 산업, 업계 a. industrial 산업의

02 claim to
~라고 주장하다

03 hospitality
n. 환대, 접대

04 aim to
~하려고 애쓰다

05 health care
보건

06 probationary period
수습 기간

07 environmental pollution
환경 오염

08 Human Resources
인사부

09 incentive
n. 의욕, 동기

10 end up
결국 ~하다

11 regardless of
~에 상관없이

12 follow instructions
지시에 따르다

13 qualification
n. 자격 (요건) v. qualify 자격을 얻다

14 profit sharing
수익 배분

15 vocational training
직무 훈련

16 benefits package
복리 후생

▌영작 연습하기 ▌
위에서 학습한 어휘를 이용해 영작하세요.

1. 나는 결국 공항에서 가이드를 기다리게 되었습니다.
→

2. 기업은 직원들에게 복리 후생을 제공해야 합니다.
→

3. 인터넷으로 이력서를 제출하기 전에 지시사항을 따르셔야 합니다.
→

정답 **1.** I ended up waiting for the guide at the airport. **2.** Companies should provide benefits package to their employees.
3. You should follow the instructions before submitting your résumé on the Internet.

TOEIC Writing

01 beforehand

ad. 미리, 사전에

02 employment

n. 직업 v. employ 고용하다

03 at the most

기껏해야

04 take up

시작하다

05 for life

평생 동안

06 deliver an answer to

~에 대한 답을 하다

07 rather than

~보다 (오히려)

08 experienced

a. 경력이 있는 n. experience 경력

09 medical insurance

의료 보험

10 dental insurance

치과 보험

11 tenant

n. 임차인 n. tenancy 임차

12 utility

n. 공익사업

13 online course

온라인 과정

14 medical checkup

건강 검진

15 express oneself

자신을 표현하다

16 serve longer terms

장기간 근무하다

영작 연습하기

위에서 학습한 어휘를 이용해 영작하세요.

1. 저는 그 온라인 과정에 관심이 있습니다.

→

2. 저는 팀으로 일하면서 자신을 표현할 수 있었습니다.

→

3. 회사는 경력직 직원들을 선호하는 경향이 있습니다.

→

정답 **1.** I am interested in the online course. **2.** I could express myself through working in a team.
3. Companies tend to prefer the experienced employees.

01 strict

    a. 엄한, 까다로운

02 friction

    n. 불화, 마찰

03 productive

    a. 생산성이 높은

04 be fully prepared

    철저하게 준비하다

05 farewell gathering

    송별회 모임

06 in a sense

    어느 정도, 어떤 의미에서는

07 leave a positive impression on

    ~에게 좋은 인상을 남기다

08 encourage loyalty

    충성심을 고취시키다

09 have business with

    ~와 거래하다

10 operating system

    운영 체제

11 childish

    a. 유치한, 어른답지 못한

12 just in case

    만일에 대비하여

13 fulfill an order

    주문을 이행하다

14 connect to the Internet

    인터넷에 접속하다

15 comprehensive

    a. 포괄적인, 이해력 있는

16 distinguish A from B

    A와 B를 구별하다[식별하다]

영작 연습하기   위에서 학습한 어휘를 이용해 영작하세요.

1. 저는 인터넷에 접속하기가 어렵습니다.

→

2. 저는 그의 송별 모임에 참석할 수 없습니다.

→

3. 저는 제 상사에게 좋은 인상을 남기려고 노력했습니다.

→

정답 **1.** I have trouble connecting to the Internet.   **2.** I can't attend his farewell gathering.
    3. I tried to leave a positive impression on my boss.

01 submit

v. 제출[제시]하다

02 out of order

(기계 등이) 고장난, 상태가 안 좋은

03 keep in mind

마음에 두다, 명심하다

04 ruin

v. 손상시키다, 망치다

05 specific role

구체적 역할

06 more importantly

더 중요한 것은

07 feel positive toward

~에 대해 호의적으로 생각하다

08 asset

n. 자산, 재산

09 affinity

n. 애호, 좋아함, 호감

10 number

n. (셀 수 있는 명사의) 수, 수효

11 of set purpose

의도적으로, 일부러, 고의로

12 be loyal to the company

회사에 충성하다

13 call in sick

병가를 알리다

14 reward

v. 보상하다

15 improve performance

성과를 향상시키다

16 activate

v. 활성화시키다, 작동시키다

| 영작 연습하기 | 위에서 학습한 어휘를 이용해 영작하세요.

1. 그 경험이 제 인생에서 자산입니다.

→

2. 귀하는 내일까지 이력서를 제출하셔야 합니다.

→

3. 회사는 우리 팀원들에게 그들의 노고에 대해 보상해야 합니다.

→

정답 **1.** That experience is an asset to my life. **2.** You should submit your résumé by tomorrow.
3. The company should reward our team members for their hard work.

본문에 나온 어휘를 복습하세요.

01 reasonable

a. 도리에 맞는, 합리적인

02 policy

n. 정책, 방침

03 in exchange for

~와 교환하여, ~의 대신으로

04 private

a. 사적인, 개인의

05 concerning

prep. ~에 관하여

06 postpone

v. 연기하다, 미루다

07 job opening

공석, 일자리

08 public relations

홍보

09 as requested

요청 받은 대로

10 put off

미루다, 연기하다

11 pause

n. 중단, 휴지

12 long-haul flight

긴 비행, 장거리 여행

13 go through

~을 겪다

14 incur

v. (빚을) 지다, 초래하다

15 thoroughly

ad. 철두철미하게

16 flexibility

n. 융통성, 유연성

영작 연습하기
위에서 학습한 어휘를 이용해 영작하세요.

1. 그는 요새 2년 차 증후군을 겪고 있습니다.

→

2. 저는 이번 프레젠테이션을 미루고 싶습니다.

→

3. 제가 홍보쪽 일자리에 관심이 있습니다.

→

정답 **1.** He's going through a sophomore slump. **2.** I'd like to postpone this presentation.
3. I am interested in a career in public relations.

01 get away from work

일에서 벗어나다

02 work-related stress

업무와 관련된 스트레스

03 capable

a. 할 수 있는

04 enjoyment

n. 즐거움, 기쁨, 낙

05 efficient

a. 능률적인, 효율적인

06 drive to work

운전해서 출근하다

07 walk to work

도보로 출근하다

08 heavy traffic

교통 혼잡

09 be subject to

~이 적용되다, ~에 영향 받기 쉽다

10 run smoothly

매끄럽게 운영되다, 잘 돌아가다

11 productivity

n. 생산성

12 all day long

하루 종일

13 belong to

~에 속하다, ~의 소유이다

14 be related to

~와 관계가 있다

15 make an effort

노력하다

16 valid

a. 유효한, 타당한

영작 연습하기   위에서 학습한 어휘를 이용해 영작하세요.

1. 얼마나 자주 차를 갖고 출근하세요?

→

2. 그는 항상 친구들을 도와주려고 노력합니다.

→

3. 일 때문에 스트레스를 많이 받습니다.

→

정답 1. How often do you drive to work?   2. He always makes an effort to help his friends.
     3. I'm under a lot of work-related stress.

01 spend time -ing

~하면서 시간을 보내다

02 contract

n. 계약

03 create conflict

갈등을 일으키다

04 workplace unity

회사 단결력

05 unimpressive

a. 인상적이 아닌, 감동을 주지 않는

06 take the blame for

~에 대해 책임지다

07 first and foremost

무엇보다도 먼저

08 administration

n. 관리, 행정

09 dress casually

캐주얼 차림을 하다

10 reliable

a. 신뢰할 수 있는

11 lay aside

(책임, 희망) 버리다, 간직해두다

12 assign

v. 맡기다, 할당하다

13 demanding

a. 요구가 많은

14 communicate with

~와 의사소통하다

15 result from

~에 기인하다, ~의 결과로서 일어나다

16 be aware of

~을 알아차리다

영작 연습하기 | 위에서 학습한 어휘를 이용해 영작하세요.

1. 제가 그 결과에 대한 책임을 져야 합니다.

→

2. 팀으로 프로젝트를 할 때 사람들은 다른 이들과 갈등을 일으킬 수 있습니다.

→

3. 사람들은 캐주얼 차림을 선호합니다.

→

정답 **1.** I should take the blame for the result. **2.** When people work on a project in a team, they can create conflict with others.
3. People prefer to dress casually.

01 have a right to

~할 권리가 있다

02 focus on

~에 집중하다

03 be eligible for

~할 자격이 있다

04 show up for

~에 나타나다

05 inaccurate

a. 정확하지 않은

06 light-hearted

a. 마음이 가벼운

07 get some rest

휴식을 취하다

08 commemorate

v. 기념하다, 기리다

09 vital

a. 필수적인

10 build relationships

관계를 형성하다

11 make a mistake

실수하다

12 be away from one's desk

자리를 (잠시) 비우다

13 most of the employees

대부분의 직원들

14 feasible

a. 실현 가능한

15 reflect society

사회를 반영하다

16 attitude

n. 태도

| 영작 연습하기 | 위에서 학습한 어휘를 이용해 영작하세요.

1. 저는 실수하지 않으려고 노력합니다.

→

2. 존스 씨는 몇 시간 동안 자리를 비울 것입니다.

→

3. 그는 실업 수당을 받을 자격이 없습니다.

→

정답   1. I try not to make mistakes.   2. Mr. Jones will be away from his desk for a few hours.
    3. He is not eligible for unemployment benefit.

TOEIC Writing

01 In front of

~의 앞에

02 behind

prep. ~의 뒤에

03 be known for

~로 유명하다

04 lounge

n. 휴게실

05 parking lot

주차장

06 customer

n. 고객

07 directions

n. 길 안내

08 determined

a. 단단히 결심한

09 well-rounded

a. 성격이 원만한

10 live for

~을 위하여 살다

11 compress

v. 압축하다

12 be good at

~을 잘하다

13 sense of independence

독립심

14 alliance

n. 동맹, 연합

15 petition

n. 탄원 **v.** 탄원하다, 청원하다, 호소하다

16 turn in

~을 돌려주다[제출하다]

영작 연습하기

위에서 학습한 어휘를 이용해 영작하세요.

1. 휴게실이 너무 좁아서 사람들이 휴식을 취할 수 없습니다.

→

2. 우리는 넓은 주차장을 갖고 있습니다.

→

3. 그는 자원봉사 업무에 지원하기로 단단히 결심한 듯이 보였습니다.

→

정답 **1.** The lounge is too small for people to relax. **2.** We have a big parking lot.
3. He looked very determined to apply for the volunteer work.

01 be known to

~에게 알려져 있다

02 be surprised at

~에 놀라다

03 mutual benefit

상호 이익

04 in case

~하는 경우에

05 be scared of

~이 무섭다

06 be pleased to

~하는 게 기쁘다

07 consult

v. 상담하다

08 night shift

야간 교대근무

09 be tired of

~이 지겹다, ~에 신물 나다

10 have a habit of -ing

~하는 버릇이 있다

11 trivial

a. 사소한, 하찮은

12 call off

취소하다

13 commitment

n. 약속, 전념, 헌신

14 negative

a. 부정적인

15 business hours

영업 시간

16 at the latest

(아무리) 늦어도

| 영작 연습하기 | 위에서 학습한 어휘를 이용해 영작하세요.

1. 이 식당은 사람들에게 알려져 있습니다.

→

2. 폭우로 인해 그 경기는 취소됐습니다.

→

3. 저는 밤에만 책을 읽는 습관이 있습니다.

→

정답 **1.** This restaurant is known to the people.   **2.** The game was called off because of the heavy rain.
　　3. I have a habit of reading books only at night.

TOEIC Writing

01 have an appointment

약속이 있다

02 essential

a. 본질적인

03 requirement

n. 조건, 요건

04 time-consuming

a. 시간이 걸리는

05 thoughtless

a. 생각 없는

06 figure out

알아내다

07 current

a. 현재의

08 give priority to

~에게 우선권을 주다

09 punctual

a. 시간을 지키는

10 destroy human relationships

인간 관계를 해치다

11 meaningful conversation

의미 있는 대화

12 I'm writing to

~하려고 글을 쓰다

13 efficiently

ad. 능률적으로, 유효하게

14 impersonal = less personal

a. 비인간적인

15 toleration

n. 관대, 용인

16 virtual friend

(컴퓨터 상의) 가상의 친구

영작 연습하기 위에서 학습한 어휘를 이용해 영작하세요.

1. 사람들은 동료들과 함께 효율적으로 일할 수 있습니다.

→

2. 죄송합니다만, 저는 약속이 있습니다.

→

3. 컴퓨터는 인간 관계를 해칠 수 있습니다.

→

정답 1. People can work with their co-workers efficiently. 2. I am sorry, but I have an appointment.
3. Computers can destroy human relationships.

01 eating habit

식습관

02 enjoy good health

건강을 누리다

03 low-fat

a. 저지방의

04 late-night snack

야식

05 rural life

시골 생활

06 brought up in the countryside

시골에서 자란

07 living expenses

생활비

08 housing expenses

주거비

09 achieve harmony

조화를 이루다

10 invade[intrude on] one's privacy

사생활을 침해하다

11 apartment complex

아파트 단지

12 modern conveniences

현대적 편의시설

13 well-equipped = well-appointed

a. 설비가 잘된

14 specifically

ad. 구체적으로

15 expertise

n. 전문적인 지식

16 achieve one's dream

꿈을 이루다

영작 연습하기   위에서 학습한 어휘를 이용해 영작하세요.

1. 저는 설비가 잘된 사무실을 원합니다.

→

2. 그는 꿈을 이루기 위해 최선을 다하고 있습니다.

→

3. 생활비는 당신이 생각하는 것보다 비쌀 것입니다.

→

정답   1. I want a well-equipped office.   2. He does his best to achieve his dream.
     3. The living expenses will be more expensive than you think.

본문에 나온 어휘를 복습하세요.

TOEIC Writing

01 feel stable

안정감을 느끼다

02 escape from an ordinary life

일상생활에서 벗어나다

03 large salary = huge salary

많은 봉급

04 warrant a large salary

많은 급료를 보증하다

05 fix makeup

화장을 고치다

06 avoid one's responsibility

책임을 회피하다

07 go by rule

규칙을 따르다

08 inherit

v. 상속하다

09 a week or so

일주일 정도

10 troubling

a. 괴롭히는, 고통을 주는

11 refer

v. 보내다, 맡기다, 간주하다

12 attract = fascinate, appeal to

v. 관심을 끌다

13 celebrities = public figures

n. 유명인사

14 contribute to society

사회에 공헌하다

15 practical knowledge

실용적 지식

16 equivalent

a. 동등한, 맞먹는

영작 연습하기

위에서 학습한 어휘를 이용해 영작하세요.

1. 학생들은 실용적 지식을 쌓아야 합니다.

→

2. 기업들은 사회에 공헌해야 합니다.

→

3. 사람들은 많은 월급을 받고 싶어 합니다.

→

정답 **1.** Students should gain practical knowledge. **2.** Companies should contribute to society.
3. People want to get a large salary.

본문에 나온 어휘를 복습하세요.

TOEIC Writing

01 gain experience

경험을 쌓다

02 to be more specific

더 자세히 말씀 드리자면

03 be indifferent to

~에 관심이 없다

04 utmost effort

최선의 노력

05 respect personality

개성을 존중하다

06 learning process

학습 과정

07 education with wide latitude

폭넓은 교육

08 out-of-school education

학교 밖의 교육

09 open-minded person

포용력 있는 사람

10 circulation

n. 유통, 순환, 배포

11 anticipate

v. 예견하다, 예상하다

12 enhance one's aptitude

적성을 살리다

13 learn by experience

경험으로 배우다

14 free time = spare time, leisure time

여가 시간

15 have a chance to enjoy the journey

여행을 즐길 기회를 가지다

16 be crowded with

~로 붐비다

영작 연습하기

위에서 학습한 어휘를 이용해 영작하세요.

1. 경험으로 배우는 것은 정보만으로 배우는 것보다 훨씬 낫습니다.

→

2. 어린 학생들이 적성을 살리는 것은 쉽지 않습니다.

→

3. 저는 게임을 하면서 여가 시간을 보냅니다.

→

정답 1. Learning by experience is far better than learning by information alone. 2. It's not easy for young students to enhance their aptitude. 3. I spend my free time playing games.

01 cooperate with others

다른 사람과 협력하다

02 learn from the mistakes

실수로부터 배우다

03 go abroad

해외로 나가다

04 lifelong education

평생 교육

05 student-oriented class

학생 중심의 수업

06 rebellious

a. 반항적인

07 as far as＋주어＋**be concerned**

～에 있어서는

08 video conference

화상 회의

09 educational system

교육 체계

10 buckle

v. 버클로 잠그다

11 it takes＋시간＋**to do**

～하는 데 (시간)이 걸리다

12 get used to

～에 익숙해지다

13 enhance the lives of human beings

인간의 삶을 향상시키다

14 many children (of) my own age

내 또래의 많은 아이들

15 have occupations as students

학생으로서 직업을 갖다

16 interfere

v. 방해하다

영작 연습하기

위에서 학습한 어휘를 이용해 영작하세요.

1. 직장인들이 해외로 나가는 것은 쉬운 일이 아닙니다.

→

2. 사람들은 새로운 장소에 적응하는 데 시간이 걸립니다.

→

3. 저는 팀 활동으로 다른 사람과 협력할 수 있습니다.

→

정답 **1.** It's not easy for workers to go abroad. **2.** It takes time for people to get used to the new place.
3. I am able to cooperate with others in a team.

레벨 7을 책임지는

파 트 별
필 수 문 장

KEY
EXPRESSIONS

Part 1 사진 묘사

● 공사 현장

1. Some people are observing the construction site.
   몇몇 사람들이 공사 현장을 바라보고 있다.

2. Cars are passing by the construction site.
   차들이 공사 현장을 지나가고 있다.

3. The building is under construction.
   그 건물은 공사 중이다.

4. Two workers are climbing up the ladder.
   두 명의 인부들이 사다리를 오르고 있다.

5. There are many street signs on the street.
   도로에 표지판들이 많이 있다.

6. A man is organizing the equipment.
   남자가 장비를 정리하고 있다.

● 사무실

7. People are working in the meeting room.
   사람들이 회의 실에서 일하고 있는 중이다.

8. They are discussing some issues.
   그들은 몇 가지 문제를 토론하고 있는 중이다.

9. A woman is talking on the phone in the office.
   한 여자가 사무실에서 통화 중이다.

10. He is organizing the documents to use for a presentation.
그는 프레젠테이션을 위해 사용할 서류를 정리하고 있는 중이다.

11. A man is talking to his coworker in the office.
한 남자가 동료와 사무실에서 얘기하고 있는 중이다.

12. The woman is making photocopies.
여자가 복사를 하고 있는 중이다.

● 공항

13. There is a lot of luggage at the airport.
공항에 수화물들이 많이 있다.

14. Many people are waiting for their luggage.
많은 사람들이 그들의 짐을 기다리고 있다.

15. Many passengers are exiting the aircraft.
많은 승객들이 비행기에서 내리고 있다.

16. The airplane is landing at the airport.
비행기가 공항에 착륙하고 있다.

17. The passengers are boarding their flight.
승객들이 비행기에 탑승하고 있는 중이다.

18. The passengers and crew are in the cabin.
승객들과 승무원들이 선실에 있다.

● 공원 / 야외

19. A man and a woman are walking on the hiking path.
한 남자와 한 여자가 등산로를 걷고 있는 중이다.

20. Many people are working out at the park.
많은 사람들이 공원에서 운동하고 있는 중이다.

21. A girl is riding a bicycle.
한 소녀가 자전거를 타고 있는 중이다.

22. The employees are having lunch in the park.
직원들이 공원에서 점심을 먹고 있다.

23. The family is getting some rest.
가족이 휴식을 취하고 있다.

24. An old woman is walking her dog.
한 노부인이 그녀의 개를 산책시키고 있다.

● 식당 / 도서관 / 호텔

25. A man is ordering a meal in the restaurant.
한 남자가 식당에서 음식을 주문하고 있다.

26. There are many vacant seats in that row.
그 줄에 비어 있는 자리들이 많이 있다.

27. This library has many books.
이 도서관에는 서적들이 많이 있다.

28. A woman is borrowing books from the library.
한 여자가 도서관에서 책을 대출하고 있다.

29. The people, who are seated at each table, are having a conversation.
사람들이 각 테이블에 앉아서 대화를 나누고 있다.

30. A man is making a reservation for a hotel room.
한 남자가 호텔방을 예약하고 있다.

● **대중교통**

31. People are exiting the subway.
사람들이 지하철에서 내리고 있다.

32. Students are waiting in line to buy tickets from the ticket machine.
학생들이 매표기에서 표를 사기 위해 줄을 서 있다.

33. The passengers are seated on the bus.
승객들이 버스에 앉아 있다.

34. People are taking a bus to go to work.
사람들이 출근하기 위해서 버스를 타고 있다.

35. The train is approaching the platform.
열차가 플랫폼으로 접근하고 있다.

36. Most of the seats on the subway are taken.
지하철에 대부분의 좌석이 차 있다.

● **상점**

37. A woman is buying a gift for her sister at the shop.
한 여자가 상점에서 여동생에게 선물을 사주고 있다.

38. Many boxes are laid out on the table.
많은 상자들이 테이블 위에 놓여 있다.

39. A woman is handing her credit card to the cashier.
한 여자가 신용카드를 출납원에게 주고 있다.

40. A boy is standing in front of the counter.
한 소년이 계산대 앞에 서 있다.

Part 2 이메일

● 회사 업무 관련

1. I am honored to have the opportunity to do an interview.
인터뷰를 할 기회를 갖게 되어 영광입니다.

2. Since last year, I have been interested in a job in sustainability.
작년부터 저는 지속관련성과 관련된 업무에 관심을 갖고 있었습니다.

3. I'm looking forward to your prompt reply.
귀하의 빠른 답장을 기다리겠습니다.

4. I'm looking forward to hearing from you.
귀하의 답장을 기다리겠습니다.

5. For further information, please feel free to contact me.
더 많은 정보를 위해, 저에게 편하게 연락 주세요.

6. If you have any questions, don't hesitate to e-mail me.
어떤 질문이든 있으시면, 저에게 주저 말고 이메일을 보내주세요.

● 장소 [휴게실 / 부동산 / 주차장 / 식당]

7. The lounge is too small for people to enjoy some rest. What do you think about expanding the lounge?

   휴게실이 너무 좁아서 사람들이 쉴 수가 없습니다. 휴게실을 확장하는 것에 대해 어떻게 생각하세요?

8. I'm looking for an apartment that has a big parking lot since I have a large family and thus, four cars.

   저는 주차장이 넓은 아파트를 찾고 있습니다. 대가족이라서 4대의 자동차가 있기 때문입니다.

9. I'm looking for an apartment that has a day care center.

   저는 어린이집이 있는 아파트를 찾고 있습니다.

10. The cafeteria is dirty. It would be a good idea to hire a professional cleaning service.

    식당이 더럽습니다. 청소 전문 업체를 고용하는 게 좋은 아이디어가 될 것입니다.

11. People are double parking so it's hard to go to work in the morning.

    사람들이 이중 주차를 해서 아침에 출근하기 어렵습니다.

12. Many employees complain about your service.

    많은 직원들이 귀사의 서비스에 불만이 있습니다.

13. Your employees are rude. How about training your staff?

    귀사 직원들이 무례합니다. 직원들을 교육하시는 게 어떨까요?

14. It would be a good idea to make a separate parking lot for VIPs.

    VIP를 위한 별도의 주차장을 만드는 것이 좋은 아이디어가 될 것입니다.

15. It would be a good idea to make a separate menu for vegetarians.

    채식주의자를 위한 별도의 메뉴를 만드는 것이 좋은 아이디어가 될 것입니다.

레벨 7을 책임지는 파트별 필수 문장

● 기계 / 물건 (휴대폰 / 카메라 / 컴퓨터)

16. It takes too much time for the computer to load the new operating system.
컴퓨터로 새 운영 체제를 실행하는 데 시간이 너무 오래 걸립니다.

17. The computer was automatically turned off without any issues.
아무런 이상 없이 컴퓨터가 자동으로 꺼졌습니다.

18. I lost the camera's user manual. Can I find the service center on the Internet?
제가 카메라 사용자 설명서를 분실했습니다. 인터넷에서 서비스 센터 위치를 확인할 수 있나요?

19. Could you please send me the directions to the service center?
서비스 센터로 가는 약도를 보내주시겠어요?

20. The warranty has expired. I'd like to know how to upgrade the program.
보증 기간이 만료됐습니다. 프로그램을 업그레이드하는 방법을 알고 싶습니다.

21. My cell phone is still under warranty but it takes too much time for my cell phone to load.
제 휴대폰은 보증 기간 중에 있는데, 전원을 켜는 데 너무 오래 걸립니다.

22. I can't install the program. Could you please explain how to install the program to me?
저는 프로그램을 설치할 수 없습니다. 설치하는 방법 좀 제게 설명해주시겠어요?

23. I have a hard time using my phone to call others on the basement floors.
저는 지하층에서 전화를 거는 데 어려움이 있습니다.

● 행사 (은퇴식 / 직원 모임 / 환영회 / 우수 직원상)

24. I received your e-mail regarding his retirement party.
그의 은퇴 파티에 관한 귀하의 이메일을 받았습니다.

25. I'm happy to attend his retirement party.
저는 그의 은퇴 파티에 참석하게 되어 기쁩니다.

26. Before attending his retirement party, I have a few suggestions.

그의 은퇴 파티에 참석하기 전에 제게 몇 가지 제안이 있습니다.

27. It is a good idea to give a presentation on his achievement.

그의 업적에 대해 발표하는 것은 좋은 생각입니다.

28. How about buying him a watch as a birthday gift? I heard his watch was stolen.

= Why don't we buy him a watch as a birthday gift? I heard he had his watch stolen.

그에게 생일 선물로 시계를 사주는 게 어때요? 그가 시계를 도둑 맞았다고 들었어요.

29. How about taking the team members to ABC Park so they can enjoy the party?

팀원들이 파티를 즐길 수 있도록 그들을 ABC 공원에 데려가는 게 어때요?

30. You can enjoy a company party only after the retirement party.

여러분은 은퇴 파티 후에나 회사 파티를 즐기실 수 있습니다.

31. How about doing a dinner buffet?

저녁을 뷔페로 하는 게 어때요?

32. You can receive a catering service.

귀하는 출장 뷔페 서비스를 받으실 수 있습니다.

33. How about writing a letter to him?

그에게 편지를 쓰는 게 어떨까요?

34. It would be a great idea to invite his family to his retirement party.

그의 가족을 그의 은퇴 파티에 초대하는 것이 좋은 아이디어가 될 것입니다.

● 실수 / 배송

35. Online business transactions were not processing yesterday.

온라인 상거래가 어제 제대로 작동을 하지 않았습니다.

36. The new person in charge made a mistake.

새로운 담당자가 실수를 했습니다.

37. I'm sorry for any inconvenience. There was an issue with our system.

불편을 드려서 죄송합니다. 저희 시스템에 이상이 있었습니다.

38. As you know, it was snowing a lot yesterday. We couldn't connect to the Internet.

아시다시피 어제 많은 눈이 내렸습니다. 인터넷에 접속이 되지 않았습니다.

39. It would be a good idea to give discount coupons to my customers.

= It would be a good idea to give my customers discount coupons.

고객들에게 할인 쿠폰을 주는 것은 좋은 아이디어가 될 것입니다.

40. Is there any way to make up for the inconvenience?

불편함에 대해 보상해드릴 방법이 있을까요?

41. Why don't we post a new address on our web site first?

먼저 새로운 주소를 웹 사이트에 올리는 게 어떨까요?

● **인터뷰 / 추천 / 평가**

42. He has worked on many projects and has produced good results.

그는 프로젝트를 많이 했고 좋은 결과들을 냈습니다.

43. Jane's work is mainly focused on providing consultation on marketing.

제인의 업무는 주로 마케팅에 관한 상담을 제공해주는 것입니다.

44. Since he has studied abroad, he is able to give a presentation in English.

그는 해외 유학을 갔다 와서, 영어로 프레젠테이션이 가능합니다.

45. Mr. Kim graduated from ABC University, which is well-known for marketing.

Mr. Kim은 ABC 대학교를 졸업했는데, 그 학교는 마케팅으로 유명합니다.

46. He has three years of experience working in the sales field.

그는 영업 분야에서 3년간 일한 경험이 있습니다.

47. He is sociable and energetic.

그는 사교적이고 에너지 넘치는 사람입니다.

48. She is an easy person to get along with.

그녀는 어울리기 원만한 사람입니다.

49. She has won a big contract.

그녀는 큰 계약을 성사시킨 적이 있습니다.

● 여행 / 숙박

50. What's the discount rate for the package?

그 패키지 할인율이 어떻게 되나요?

51. Compared to other hotels, I found your checkout time a bit earlier.

귀 호텔의 체크아웃 시간이 다른 호텔에 비해서 다소 빠릅니다.

52. I am planning to stay at your hotel with my parents. Do you have a program for seniors?

저는 부모님과 귀 호텔에 머무를 계획입니다. 연장자를 위한 프로그램이 있나요?

53. I have a large family. If we go to your resort, could you give us an additional discount?

저희 집은 대가족입니다. 우리가 귀 리조트에 간다면 저희에게 추가 할인을 해주실 수 있나요?

54. I'd like to know if your hotel can provide a shuttle van to pick me up at the airport.

저는 귀 호텔이 저를 공항에서 데리고 갈 셔틀 밴을 제공하는지 알고 싶습니다.

55. Do you have vacant rooms with full Internet access?

인터넷 접속이 완전히 되는 빈 방이 있습니까?

56. I wish to know if there are any packages that provide special services.

저는 특별 서비스를 제공하는 패키지가 있는지 알고 싶습니다.

Part 3 에세이

● 서론

✽ 자주 쓰는 패턴

> Some people think that 주어+동사
> However, there are others who believe that 주어+동사
> 어떤 사람들은 ～라고 생각한다. 하지만 …라고 믿는 다른 이들이 있다
>
> People tend to 동사원형
> 사람들은 ～하는 경향이 있다
>
> People have different opinions about 명사
> 사람들은 ～에 대한 다양한 의견을 가지고 있다
>
> There is a debate about 명사
> ～에 대한 논란이 있다
>
> There are some advantages and disadvantages of 명사
> ～의 장점과 단점이 있다
>
> I agree that 주어+동사
> 나는 ～하는 것에 동의한다

1. Some people think that traveling is the best way to get rid of stress. However, there are others who believe that staying home can relieve stress, too.
   어떤 사람들은 여행이 스트레스를 없애주는 가장 좋은 방법이라고 생각한다. 하지만 집에 있는 것이 스트레스를 풀어줄 수 있다고 믿는 사람들도 있다.

2. People tend to imitate what they see on TV.
   사람들은 TV에서 보는 것을 모방하는 경향이 있다.

3. People have different opinions about traveling abroad.
   사람들은 해외 여행에 대해 다양한 의견들을 가지고 있다.

4. There is a debate about whether or not working for a large company is a good decision.
   대기업에서 일하는 것이 좋은 결정인지 아닌지에 대한 논란이 있다.

5. There are some advantages and disadvantages of doing an internship program abroad.
   해외에서 인턴 사원 근무를 하는 것의 장단점이 있다.

6. I agree that we should help students from low-income families.
   나는 저소득층 가정의 학생들을 도와야 한다는 것에 동의한다.

● **본론**

＊ **자주 쓰는 패턴**

It's important to 동사원형: ~하는 것은 중요하다

be related to 명사: ~에 관련이 있다

whether or not 주어+동사: ~인지 아닌지

The reason why 주어+동사 is because 주어+동사: ~하는 이유는 …이기 때문이다

The number of students who ~: ~하는 학생의 숫자

have an influence on: ~에 영향이 있다

make it a rule to 동사원형: ~하는 것을 상례로 하다

To begin with, 주어+동사: 우선, ~

In addition, 주어+동사: 게다가, ~

First, 주어+동사: 첫째로, ~

Second, 주어+동사: 둘째로, ~

7. It's important for employees to rest after work.
직원들이 퇴근 후에 쉬는 것은 중요하다.

8. Work performance is related to the work atmosphere.
업무 실적은 직장 분위기와 관련이 있다.

9. The company isn't concerned on whether or not they should release a new product.
회사는 새로운 제품을 출시해야 할지 말지에 대해 관심이 없다.

10. The reason why customers want to buy name-brand products is because the customers can trust its quality.
소비자들이 유명 브랜드 제품을 사고 싶어하는 이유는 품질을 믿을 수 있기 때문이다.

11. The number of students who have been delaying employment has been skyrocketing.
취업을 미루는 학생들의 숫자가 급속도로 증가하고 있다.

12. Games might have a bad influence on children.
게임은 아이들에게 나쁜 영향을 줄 수 있다.

13. To begin with, I made it a rule to go to work early.
우선, 나는 일찍 출근하는 것을 규칙으로 정했다.

14. In addition, nothing is more important than friends.
게다가, 어떤 것도 친구보다 더 중요하지 않다.

15. First, the earlier people go to work, the quicker they can finish their work.
첫째로, 사람들은 더 일찍 출근할수록 더 빨리 일을 끝낼 수 있다.

16. Second, it is not until we get sick that we regret not working out.
둘째로, 우리는 아프고 나서야 비로소 운동하지 않은 것을 후회한다.

● 예문 만들기

✳ 자주 쓰는 패턴

For example, 주어+동사: 예를 들어, ~

In my case, 주어+동사: 내 경우에는, ~

For instance, 주어+동사: 예를 들어, ~

As for me, 주어+동사: 나라면, ~

Looking back, 주어+동사: 뒤돌아보면, ~

17. For example, my sister changed jobs three years ago.
예를 들어, 내 언니는 3년 전에 이직을 했다.

18. In my case, I've never lived in a dormitory on campus.
내 경우는, 캠퍼스 기숙사에서 살아본 적이 없다.

19. For instance, when I have difficulty with work, I receive advice from my seniors.
예를 들어, 나는 작업에 어려움이 있을 때 선배들로부터 조언을 받는다.

20. As for me, I will try to get a job after I graduate.
나라면, 졸업 후에 취직을 하려고 노력할 것이다.

21. Looking back, I should not have changed jobs frequently.
뒤돌아보면, 나는 자주 이직을 하지 말았어야 했다.

● **결론**

✳ **자주 쓰는 패턴**

> For these reason, 주어+동사: 이러한 이유로, ~
>
> Considering 명사, 주어+동사: …을 고려해 보면, ~
>
> In this regard, 주어+동사: 이러한 점에서, ~
>
> In short, 주어+동사: 요약하면, ~
>
> Thus, 주어+동사: 그러므로, ~
>
> In conclusion, 주어+동사: 결론적으로, ~

22. For these reasons, I agree that students should study languages.
이러한 이유로, 나는 학생들이 언어를 공부해야 한다는 것에 동의한다.

23. Considering his work experience, he did his best.
그의 업무 경력을 고려해보면, 그는 최선을 다했다.

24. In this regard, companies should allow women to work at home.
이러한 점에서, 기업은 여성들이 집에서 일하는 것을 허용해야 한다.

25. In short, it's not a good idea to work extra hours.
요약하면, 잔업을 하는 것은 좋은 생각이 아니다.

26. Thus, companies should give their employees a pay raise.
그러므로, 기업들은 직원들의 월급을 올려주어야 한다.

27. In conclusion, we need to lower tuition costs.
결론적으로, 우리는 학비를 낮출 필요가 있다.

● 까다로운 주제별 핵심 문장

＊ **문화 / 운동 경기**

28. Television may have a negative influence on children's schoolwork.
텔레비전은 아이들의 학업에 부정적인 영향을 끼칠 수도 있다.

29. Movies stimulate and delight our senses. There is nothing like watching a good movie for an exciting experience.
영화는 우리의 감각들을 자극시키고 즐겁게 해준다. 흥미진진한 경험을 위해서는 멋진 영화를 보는 것에 견줄 만한 것이 없다.

30. Attending a live performance provides a vivider experience than watching the same event on television.
라이브 공연에 참석하는 것은 그 공연을 TV에서 보는 것보다 더 생생한 경험을 제공한다.

31. It is hard to find a motion picture or television program in which negative behavior is praised and rewarded.
부정적인 행동이 칭찬을 받고 보상 받는 내용의 영화나 텔레비전 프로그램을 찾기는 어렵다.

32. I believe physically exercising is more fun than watching sports or others exercise.
나는 운동을 하는 것이 스포츠나 다른 운동을 보는 것보다 더 즐겁다고 생각한다.

33. In general, people enjoy engaging in a fun lifestyle.
대개, 사람들은 재미있는 생활 방식을 즐긴다.

＊ **신용카드 / 현금**

34. Many people experience financial difficulties due to excessively overusing their credit cards.
많은 사람들이 과도한 신용카드의 사용으로 인해 재정적 어려움을 겪는다.

35. Despite the conveniences that credit cards offer to human beings, their bad influence on members of society is too serious to ignore.
신용카드가 인간에게 가져다준 편리함에도 불구하고, 사회 구성원에게 미치는 악영향이 너무 심각해서 무시할 수 없다.

36. Thanks to credit cards, you don't need to exchange money or carry around cash in foreign countries.

신용카드 덕분에, 환전하거나 외국에서 현금을 가지고 다닐 필요가 없다.

37. In the future, credit cards will be increasingly used.

앞으로, 신용카드의 사용은 늘어날 것이다.

38. If one uses only cash, it is easier to spend less.

현금만 사용하면 지출을 덜 하기 쉽다.

39. If people use their credit cards, they can receive points for purchasing products.

사람들은 신용카드를 사용하면, 제품 구입에 대한 포인트를 받을 수 있다.

＊ 환경

40. The development of human society has given us great benefits and conveniences, but we are harming ourselves in the long run.

인간 사회의 발전은 우리에게 많은 이익과 편리함을 주지만, 결국 우리는 스스로를 해치고 있다.

41. The Earth's environment is in danger. There are numerous environmental problems on Earth that require much attention and money to remediate these issues.

지구 환경은 위험한 상태에 있다. 지구에는 이러한 문제 해결을 위한 관심과 자금이 필요한 많은 환경 문제가 있다.

42. We have to preserve the environment for future generations.

우리는 후손을 위해서 환경을 보존해야 한다.

43. People try to reduce environmental pollution.

사람들은 환경 오염을 줄이려고 노력한다.

* 광고

44. Advertising influences us to buy products we really don't need.
광고는 우리가 정말 필요하지 않은 물건을 사도록 영향을 미친다.

45. People say that advertisements provide us with useful information.
사람들은 광고가 우리에게 유용한 정보를 제공한다고 말한다.

46. There are times when information from advertisements is incomplete or misleading.
광고로부터 나온 정보가 완전하지 않거나 그릇될 때도 있다.

47. Companies utilize web advertisements to continually promote their products on a 24 hour per day basis.
기업들은 웹 광고를 이용하여 24시간 계속 물건을 홍보한다.

48. Consumers can easily purchase products through advertisements.
사람들은 광고를 통해서 물건을 쉽게 살 수 있다.

49. Companies are heavily investing on advertisements.
기업들은 광고에 많은 돈을 투자하고 있다.

* 소통 수단

50. Telephones and e-mails allow for frequent communication.
전화와 이메일은 빈번한 의사소통을 할 수 있게 해준다.

51. In modern society, ease of communication is very important.
현대 사회에서 통신의 편의성이 매우 중요하다.

52. Through directly contacting others by either telephone or e-mail, people can avoid awkward situations.
전화나 이메일로 다른 사람들과 직접 연락하는 것을 통해, 어색한 상황을 피할 수 있다.

53. Through the Internet, students can easily listen to lectures, study, and submit homework to their professors via online.
인터넷을 통해, 학생들은 쉽게 수업을 듣고 공부할 수 있고 숙제를 온라인으로 교수에게 제출할 수 있다.

54. There is no doubt that e-mailing and using the telephone is convenient.
이메일과 전화 사용이 편리하다는 것에는 의심의 여지가 없다.

* 교육

55. From an early age, many students begin to learn foreign languages.
많은 학생들은 어릴 때부터 외국어 공부를 하기 시작한다.

56. I believe studying at an earlier age is a great idea.
학습은 일찍 시작할수록 좋다고 생각한다.

57. Teachers tend to evaluate students based on their grades.
선생님들은 성적으로 학생들을 평가하는 경향이 있다.

58. The government should invest more money on the education system.
정부는 교육 제도에 더 많은 돈을 투자해야 한다.

59. Parents are spending much money on education for their children.
부모들은 자녀들의 교육에 많은 돈을 지출하고 있다.

60. Many people are interested in private education.
많은 사람들이 사교육에 관심을 갖고 있다.

모범 답안
&
해설

EXAMPLARY ANSWERS
& COMMENTARY

Warming Up 2 만점 대비 시험 D-5 문법 정리

＊영작 연습하기

1 My schedule unexpectedly changed, so I have to cancel my plane reservation.

2 As soon as I arrive at my office, I will e-mail you.

3 I will have Mr. Kim check your file as soon as possible.

4 Thank you for traveling such a long distance.

5 We have decided not to proceed with the business until the economic conditions improve.

6 I am happy to work with my team members, who will share my vision.

7 The product arrived damaged. Your service is disappointing.

8 4형식 Did he forward you the file?

   3형식 Did he forward the file to you?

9 I would like to have a word with you.

10 If you are unable to make it for any reason, please let us know as soon as possible.

Warming Up 3 만점용 헷갈리는 표현 정리

01 여러분 모두 만나뵙기를 기대하겠습니다.

I **am looking** forward to meeting everyone of you.

> 해설 현재진행형은 「be + -ing」 형태로 사용해야 한다. be동사 없이 사용할 수 없다. 혹은 단순 현재 시제인 I look forward to meeting everyone of you.로 써도 된다.

02 사장님이 여기에 오실 때까지 저는 사무실에 있을 거예요.

I will be in the office until my boss **comes here**.

> 해설 my boss는 3인칭 단수이므로 come은 comes가 되어야 한다. here 앞에는 to를 쓰지 않는다.

03 남편은 끝내야 할 일이 많아서 항상 잔업을 한다.

My husband always **works** overtime because he has **many tasks** to complete.

> 해설 my husband는 3인칭 단수 주어이고, 「many + 복수 명사」이다.

04 거의 모든 선생님들이 수업을 준비한다.

Almost **every teacher prepares** for his/her class.

> 해설 「every + 단수 명사」이고, 항상 3인칭 단수 취급한다.

05 제가 언제 어디서 영어 면접을 보는지 알고 싶습니다.

I'd like to know when and where **I will** have my English Interview.

> 해설 의문사절이 문장 안에 삽입될 경우 「의문사 + 주어 + 동사」의 어순이 된다.

06 회의실 보수 공사가 정확히 언제까지 지속될 것으로 예상되는지 제게 말씀해주실 수 있나요?

Can you tell me until exactly when **the renovation work on the conference room is** expected to last?

> 해설 의문사절이 문장 안에 삽입될 경우 「의문사 + 주어 + 동사」의 어순이 된다.

07 사장님은 직원들이 직원 모임에 참석하길 바란다.

My boss wants his employees **to** attend the staff gatherings.

해설 「want + 목적어 + to부정사」의 5형식 구조를 기억하자.

08 매니저가 나에게 잔업하라고 지시했다.

My manager told <u>me to work</u> overtime.

해설 「tell + 목적어 + to부정사」의 5형식 구조가 되어야 한다.

09 해외 유학은 학생들이 다른 문화에 대해서 배우도록 도와준다.

Studying abroad <u>helps</u> students learn about other <u>cultures</u>.

해설 동명사가 주어일 경우 동사는 항상 3인칭 단수이다. other 뒤에는 복수 명사가 온다.

10 SAT 수업을 들은 것이 내가 SAT 시험을 잘 보도록 도와주었다.

Taking SAT classes helped me <u>do</u> well on the SAT.

해설 help는 목적격 보어로 to부정사나 원형 부정사가 온다.

11 선생님은 우리를 일찍 자게 해주었다.

My teacher let us <u>go</u> to bed early.

해설 let은 사역동사로서 「사역동사 + 목적어 + 동사원형」의 구조를 갖는다.

12 나는 영어 면접을 봐야 하기 때문에 영어를 공부하는 것을 피할 수 없다.

I can't avoid <u>studying</u> English because I have to have an English interview.

해설 avoid는 동명사를 목적어로 갖는 동사이다.

13 나는 잔업하는 것을 꺼리지 않는다.

I don't mind <u>working</u> overtime.

해설 mind는 동명사를 목적어로 갖는 동사이다.

14 어린 학생들이 많은 돈을 버는 것은 쉽지 않다.

It's not easy <u>for</u> young students to make <u>a lot of money</u>.

해설 부정사의 의미상의 주어는 「for + 목적격」으로 나타낸다. 또한 money는 셀 수 없는 명사로 복수형으로 쓸 수 없다.

15 나는 이 분야에 경험이 많은 동료들과 일하고 싶다.

I want to work with co-workers who <u>have</u> a lot of <u>experience</u> in this field.

해설 선행사 co-workers가 복수이므로 관계대명사절의 동사를 복수 형태로 쓴다. 또한 experience는 셀 수 없는 명사이다.

16 나는 지난 여름부터 이 휴대폰을 쓰고 있다.

I've used this cell phone <u>since</u> last summer.

해설 현재완료 시제에서는 명백한 과거 단어를 쓸 수 없다. 「since + 과거 시점」과 같이 사용한다.

17 나는 회사에 만족한다.

I am satisfied <u>with</u> my company.

해설 '~에 만족하다'는 의미의 표현은 be satisfied with이다.

18 그 수업은 길고 지루했다.

The class was long and <u>boring</u>.

해설 사물이 주어일 경우 감정 동사는 -ing 형태로 만든다.

19 내 동생은 5년 전에 그 회사에 들어갔는데 승진을 못했다.

My brother <u>entered</u> the company 5 years ago, but he didn't get a promotion.

해설 enter 뒤에는 전치사를 쓰지 않는다.

20 나는 그와 데이트를 하곤 했다.

I used to <u>date him</u>.

해설 used to 뒤에는 동사원형이 온다. 또한 date 뒤에는 전치사를 쓰지 않는다.

21 열차가 역으로 들어오고 있다.

The train is <u>approaching</u> the station.

해설 approach 뒤에는 전치사를 쓰지 않는다.

22 그는 위층으로 가고 있다.

He is going <u>upstairs</u>.

해설 upstairs 앞에는 전치사를 쓰지 않는다.

23 제가 거기 도착하자마자 당신 이메일을 확인할게요.

As soon as I <u>arrive there</u>, I will check your e-mails.

해설 as soon as 절 안에 will을 넣을 수 없다. there 앞에는 전치사를 쓰지 않는다.

24 그녀는 한 마디도 할 수 없었다.

She <u>couldn't say</u> a word.

해설 could 뒤에는 동사원형이 와야 한다.

25 나는 피아노, 기타, 드럼, 첼로 그리고 플루트 같은 5개의 악기를 연주할 수 있다.

I can play five <u>instruments</u>: the piano, guitar, drums, cello, and flute.

해설 five 뒤에는 복수 명사가 와야 한다.

26 나는 다음 나라들에서 산 적이 있다: 스페인, 아르헨티나 그리고 프랑스.

I have lived _in_ the following countries: Spain, Argentina, and France.

해설 「live in + 장소」의 구조가 되어야 한다.

27 나는 그곳에 가본 적이 없다.

I've never been _there_.

해설 there 앞에는 전치사를 쓰지 않는다.

28 우리 센터에서 어제 물이 넘치는 사고가 있었다.

There _was_ an incident of flooding at our center yesterday.

해설 yesterday로 볼 때 과거 시점을 표현하고 있기 때문에 is가 아니라 was로 써야 한다. 영작을 할 때 꼭 시제를 신경 써야 한다.

29 사장님이 그 사건을 언급하셨다.

My boss _mentioned_ the accident.

해설 mention 뒤에는 전치사를 쓰지 않는다.

30 우리는 그 프로젝트에 대해서 어제 토론했다.

We _discussed_ the project yesterday.

해설 discuss 뒤에는 전치사를 쓰지 않는다.

PART 1

STEP 2 만점 가이드

＊영작 연습하기

1 A woman is carrying a box.

2 He is giving a presentation in the meeting room.

3 A man is going upstairs with his colleagues.

4 A group of people are listening to the man behind the desk.

5 Many watches are displayed on the shelves.

STEP 3 공략 포인트

④ 접속사 응용 예문

＊영작 연습하기

1 They have to work in the office until they finish the work.

2 While a man is searching for information on the Internet, a woman is cooking dinner.

3 The people are waiting for the subway so that they can go to other places.

4 The woman is talking on the phone while working in the office.

5 People are waiting for their luggage because their flight just arrived.

6 As long as the jacket's color looks good on her, she can buy it.

7 Students are waiting in line since they want to get on the bus.

8 The woman is smiling as the man is showing her a funny video.

9 They will order food after they look at the menu.

10 They are reading the cookbook as they want to make a new dish.

---

⑦ 만점 패턴 연습하기

＊영작 연습하기

1 There are various kinds of pens on the shelf.

2 There are many benches in the park, but no one is sitting on them.

3 There is a woman walking with a dog in the park.

＊영작 연습하기

1 A man is checking the map because he doesn't know where to go.

2 The guide is explaining to the children how to use the library.

3 He is calling to confirm where to have his interview.

＊영작 연습하기

1 A man is vacuuming the floor.

2 They are choosing a venue for their wedding.

3 She is buying a gift for her friend's birthday.

*영작 연습하기

1 There are some wooden chairs arranged around four tables.

2 A woman wearing sunglasses is taking a picture with a camera.

3 There are a lot of scooters parked in front of the trees.

1

woman / bicycle

- A woman is talking on the phone while riding a bicycle on the road.
- A woman carrying a bag is riding a bicycle while talking on the phone.
- A woman is riding a bicycle to go to work.

한 여자가 길에서 자전거를 타면서 전화 통화를 하고 있다.

가방을 맨 여자가 전화 통화를 하면서 자전거를 타고 있다.

한 여자가 출근하기 위해서 자전거를 타고 있다.

2

talk / report

- Three people are talking about the report together.
- One of the women is talking to the man who is pointing at the report.

세 사람이 함께 보고서에 대해 얘기하고 있다.

여자들 중에 한 명이 보고서를 손으로 가리키고 있는 남자에게 말하고 있다.

Question 01

display / in

- Some clothes are displayed in the department store.
- Many types of clothes in the store are displayed for customers.
- The clothes are organized in a neat and colorful display.

옷들이 백화점에 전시되어 있다.

가게에 많은 종류의 옷들이 손님들을 위해 전시되어 있다.

옷들이 깔끔하고 다채로운 색상의 진열로 정리되어 있다.

Question 02

look / basket

- They are looking at the basket of fruit.
- A woman with blond hair is looking at the basket of fruit that the man made.

그들은 과일 바구니를 보고 있는 중이다.

금발머리의 여자가 남자가 만든 과일 바구니를 보고 있는 중이다.

Question 03

luggage / because

- People are waiting for their luggage because their flight just arrived.
- They are looking for their own luggage because they need it.
- A woman wearing a suit is looking for her luggage because her flight just arrived.

사람들이 비행기가 막 도착했기 때문에 자신의 짐을 기다리고 있는 중이다.

그들은 자신의 짐이 필요하기 때문에 그것을 찾고 있는 중이다.

정장을 입은 여자가 비행기가 막 도착했기 때문에 짐을 찾고 있는 중이다.

Question 04

open / in order to

- A woman is opening the cupboard in order to take out the cup.
- A woman is opening the cupboard in order to treat her friends to coffee.
- In order to drink coffee, a woman is opening the cupboard to get her coffee cup.

한 여자가 컵을 꺼내기 위해 찬장을 열고 있다.

한 여자가 친구들에게 커피를 대접하기 위해 찬장을 열고 있다.

커피를 마시기 위해 한 여자가 커피잔을 꺼내려고 찬장을 열고 있다.

Question 05

woman / on

- A woman is pushing a stroller on the road.
- A woman is taking the baby to her parents while talking on the phone.

한 여자가 거리에서 유모차를 밀고 있는 중이다.

한 여자가 전화 통화를 하면서 아기를 그녀의 부모님에게 데려가고 있다.

Question 06

choose / woman

- A woman with blond hair is choosing glasses to give as a gift to her sister.
- A woman in charge of the sales department is arranging some glasses so that customers can choose them easily.

금발의 한 여자가 그녀의 여동생에게 선물로 주려고 안경을 고르고 있는 중이다.

영업부의 한 여자가 손님들이 쉽게 안경을 고를 수 있도록 안경을 정리하고 있는 중이다.

PART 2

STEP 3 공략 포인트

❶ 이메일을 구성하는 필수 패턴

1. 시작 부분 ①

＊영작 연습하기

1 This is in response to your e-mail dated March 10th.

2 Thank you for your e-mail from the Customer Services Department.

3 I received your e-mail regarding the new promotion.

2. 시작 부분 ②

＊영작 연습하기

1 It's my pleasure to help you.

2 I've been interested in this position since last year.

3. 본론

＊영작 연습하기

1 I'd like to ask some questions about the issue.

2 I'd like to give some suggestions about the project he mentioned.

3 I have a few questions about my reservation.

4. 맺음말

＊영작 연습하기

1 I look forward to seeing you again.

2 For further information, please feel free to text me.

3 If you have any questions, don't hesitate to ask any questions.

❷ Directions(지시사항) 필수 패턴

1. 제안하기

＊영작 연습하기

1 It's a good idea to encourage our employees to work from home.

2 How about going for a walk together after lunch?

2. 질문/요청하기

＊질문 패턴 – 영작 연습하기

1 Would it be possible for me to make a reservation?

2 I'd like to know if I can contact you directly.

＊요청 패턴 – 영작 연습하기

1 I'd appreciate it if you could renew my subscription now.

2 Can you kindly send me the presentation file of yesterday's meeting?

❸ 만점 패턴 연습

＊영작 연습하기

1 It took a lot of efforts to finish this report on time.

2 He had difficulty submitting an application form online.

3 I have no problem commuting by subway or bus.

From:	SAO Computer Customer Service
To:	New Customer
Subject: Thank You	
Sent:	October 3, 11:20 A.M.

We would like to thank you for purchasing our computer.

We hope that you are satisfied with our product. If you have experienced any problems so far, please contact us via e-mail at SAassist@sao.com Thank you!

Directions: Respond to the e-mail as if you are a customer of SAO Computer Company. In your e-mail, describe TWO problems that you have had with the computer and make ONE request for information.

발신: SAO 컴퓨터 고객 서비스팀

수신: 신규 고객

제목: 감사합니다

발송: 10월 3일, 오전 11시 20분

저희 컴퓨터를 구매해 주셔서 감사드립니다.

저희는 고객들이 저희 제품에 만족하시길 바라고 있습니다. 지금까지 겪으신 문제가 있다면 저희에게 SAassist@sao.com으로 연락주세요. 감사합니다!

지시사항: 당신이 SAO 컴퓨터 회사의 고객이라고 가정하고 이메일에 답장하시오. 당신의 이메일에서 컴퓨터로 인해 겪은 2개의 문제를 묘사하고 1개의 정보를 요청하시오.

To whom it may concern,

This is in response to your e-mail dated October 3rd regarding my recently purchased computer.

I've purchased other products from your company before and I was very satisfied. When I bought your computer a month ago, it was working fine, but I have some problems with the computer now. First, it takes a lot of time for the computer to start up, and then sometimes when it does turn on, it turns right off again. Second, I can't install new programs. I have to install new programs for my work, but I don't know how to do so.

I'd appreciate it if you could come and teach me how to install new programs.

I look forward to hearing from you soon.

Thank you.

관계자 분에게,

이것은 제가 최근에 구매한 컴퓨터와 관련된 10월 3일자 귀하의 이메일에 대한 답장입니다.

저는 전에 귀사로부터 다른 상품을 구입한 적이 있고 매우 만족했습니다. 제가 한 달 전에 귀사의 컴퓨터를 샀을 때 작동이 잘됐습니다. 하지만 지금 컴퓨터에 몇 가지 문제점이 있습니다. 첫째, 컴퓨터가 시작할 때 시간이 많이 걸리고 때때로 전원을 켜면 다시 전원이 꺼집니다. 둘째, 제가 새로운 프로그램을 설치할 수가 없습니다. 제가 일 때문에 새로운 프로그램을 설치해야 하는데 방법을 모르겠습니다.

오셔서 저에게 새로운 프로그램을 설치하는 방법을 알려주시면 감사하겠습니다.

답장을 기다릴게요.

감사합니다.

Question 01

From:	John Hart (Joy Company)
To:	New Employees
Subject: Welcome to work!	
Sent:	May 10, 1:30 P.M.

Dear new employees,

We are happy to send you this welcome message.
We'd like to inform you that new employees will start work next Wednesday. Please feel free to inform us of any concerns you may have at the information desk on the first floor. Employees are expected to arrive at work no later than 9:00 A.M. A detailed company orientation is scheduled during lunch, so each employee should have lunch with his/her respective department.
Please feel free to contact us should you have further questions. We look forward to seeing you next Wednesday.

Sincerely,
John Hart
Joy Company

Directions: Respond to the e-mail. In your e-mail, give TWO pieces of information and give ONE suggestion.

발신 : 존 하트(조이 회사)
수신: 신입사원
제목: 직장에 오신 것을 환영합니다!
발송: 5월 10일, 오후 1시 30분

신입사원에게,

우리는 이 환영 메시지를 여러분에게 보내게 되어 매우 기쁩니다.
우리는 여러분에게 신입 사원들이 다음주 수요일부터 일을 시작한다는 것을 알려드리고자 합니다. 논의해야 할 어떤 문제라도 있으면 언제든지 1층에 있는 안내 데스크에 있는 저희에게 알려주세요. 직원들은 늦어도 오전 9시까지는 직장에 도착해야 할 것입니다. 자세한 회사 오리엔테이션은 점심 시간 동안 예정되어 있습니다. 그래서 각 직원들은 점심식사를 자신의 각 부서와 함께 먹어야 합니다.
추가적인 질문사항이 있으면 언제든지 우리에게 연락주세요. 우리는 다음주 수요일에 여러분을 뵙기를 기대하고 있겠습니나.

감사합니다.
존 하트 드림
조이 회사

지시사항: 이메일에 답장하시오. 당신의 이메일에서 2개의 정보를 주고 1개의 제안을 하시오.

Dear Mr. Hart,

Thank you for your e-mail. My name is Mary Rogers, and I have been assigned to the Marketing Department.
I will be driving to work next Wednesday, so I'd like to know where employees can park their cars. Do we need to apply for a parking permit?
In addition, I'd like to meet the rest of my coworkers, so I suggest a company dinner after the lunchtime orientation.
Thank you for your time and consideration, and I look forward to seeing you next Wednesday.

Sincerely,
Mary Rogers

하트 씨에게,

귀하의 이메일에 감사드립니다. 제 이름은 메리 로저스이며, 저는 마케팅부에 배치되었습니다.
저는 다음주 수요일에 운전을 해서 출근할 건데, 직원들이 자신의 차를 어디에 주차할 수 있는지 알고 싶습니다. 우리가 주차 허가증을 신청해야 할 필요가 있나요?
또한, 저는 저의 나머지 다른 동료들을 만나보고 싶습니다. 그래서 점심 시간 오리엔테이션 후에 회사 회식을 제안합니다.
귀하의 시간과 배려에 감사 드리며, 다음주 수요일에 귀하를 뵙기를 기대합니다.

메리 로저스 드림

Question 02

From:	Go Green Environmental Group (GGEG)
To:	Group Members
Subject:	Opinion needed on recruiting GGEG volunteers
Sent:	Jan. 15, 12:20 P.M.

Dear Go Green Environmental Group Members,

This e-mail is to inform you that although we have recruited new volunteers to GGEG, we have not yet reached our target number. We'd like to hear your opinions regarding this. Please share with us any methods for increasing the number of volunteers. All suggestions are welcome. Thank you.

Sincerely,
Go Green Environmental Group

Directions : Respond to the e-mail. In your e-mail, give ONE piece of information and TWO suggestions about increasing the number of volunteers.

발신 : 고그린 환경단체(GGEG)
수신 : 단체 회원
제목 : GGEG 자원봉사자 모집에 대해 필요한 의견
발송 : 1월 15일, 오후 12시 20분

고그린 환경단체 회원들에게,

이 이메일은 우리가 GGEG의 새로운 자원봉사자들을 모집해왔음에도 불구하고, 우리는 아직 우리의 목표 숫자에 도달하지 못했다는 것을 알리기 위한 것입니다. 우리는 이것에 관한 여러분의 의견을 듣고자 합니다. 자원봉사자들의 수를 늘릴 수 있는 어떠한 방법이든 우리와 함께 공유해주세요. 모든 제안을 환영합니다. 감사합니다.

고그린 환경단체 드림

지시사항: 이메일에 답장하시오. 당신의 이메일에서 자원봉사자의 수를 늘리는 것에 대한 1개의 정보와 2개의 제안을 포함하시오.

Dear GGEG,

Thank you for your e-mail. My name is Kimberly Craig, and I have been a dedicated member of GGEG for the past 10 years. I am more than happy to share my opinions with you.

First, I suggest that we hold information meetings at nearby universities. These days, university students are eager to help their communities, so I am confident that we will be able to recruit new members. I also recommend creating a GGEG Facebook page and Twitter account. By regularly uploading photos, videos, and recent environment-related articles, we will be able to reach out to the increasing number of social media users.

I hope you find my suggestions helpful. Please feel free to contact me should you have additional concerns.

Sincerely,
Kimberly Craig

GGEG에게,

귀하의 이메일에 감사드립니다. 제 이름은 킴벌리 크레이그이고, 저는 지난 10년 동안 GGEG의 회원으로서 헌신해왔습니다. 제 의견을 귀하와 공유하게 되어 더할 나위 없이 행복합니다.

첫째로, 저는 우리가 가까운 대학교들에서 정보 모임을 개최할 것을 제안합니다. 오늘날, 대학생들은 그들의 지역사회를 돕고자 하는 열망이 있습니다. 그래서 저는 우리가 새로운 회원들을 모집할 수 있을 거라고 확신합니다. 또한, 저는 GGEG의 페이스북 페이지와 트위터 계정을 만들 것을 추천합니다. 정기적으로 사진, 비디오, 그리고 최근 환경 관련 기사들을 올림으로써, 우리는 소셜 미디어 사용자들의 수를 늘리게 될 것입니다.

저의 제안들이 귀하에게 도움이 되기를 바랍니다. 귀하에게 또다른 우려사항이 있다면, 언제든 제게 연락을 주시기 바랍니다.

킴벌리 크레이그 드림

Question 03

From:	Allison White
To:	World Camera Company's Customer Service Center

Subject: Lost Instruction Manual

Sent:　　October 14, 9:20 A.M.

To whom it may concern,

I purchased your camera two months ago. I love it, but I lost the instructions so I can't use it. What can I do to get another set of instructions? My brother's graduation is next week, and my family will be there. Please tell me how I can use this camera as soon as possible.

Thanks,
Allison White

Directions: Respond to the e-mail as if you are in charge of the Customer Service Center. Give TWO methods for finding the instructions and make ONE request for information.

발신: 앨리슨 화이트
수신: 월드 카메라 회사의 고객 서비스 센터
제목: 사용 설명서 분실
발송: 10월 14일, 오전 9시 20분

관계자 분에게,

저는 두 달 전에 카메라를 구입했습니다. 매우 마음에 들지만, 제가 사용 설명서를 분실해서 지금 사용할 수 없습니다. 설명서를 하나 더 구하려면 어떻게 해야 하나요? 제 동생의 졸업식이 다음 주라서 가족들이 모두 갈 예정입니다. 되도록 빨리 이 카메라를 사용할 수 있는 방법을 알려주세요.

감사합니다.
앨리슨 화이트

지시사항: 당신이 고객 서비스 센터 담당자라고 가정하고 이메일에 답장하시오. 설명서를 구할 수 있는 2개의 방법을 주고 1개의 정보를 요청하시오.

Dear Allison White,

Thank you for purchasing our product. I am sorry to hear you lost the instructions.

There are a number of ways to resolve this issue. First, you can sign up on our site on the Internet. Afterward, you can download it for free. Or you can go to a service center near your house. If you want to find the nearest service center, you can search on our homepage. Also, if you don't have time to go there, you can tell me the model number via e-mail or phone. I'll send instructions and explain how to use the camera. I hope my information will help you use your camera to capture precious moments with your family.

Thank you very much.

World Camera Company's Customer Service Center

앨리슨 화이트 씨에게,

저희 제품을 구매해주셔서 감사합니다. 유감스럽게도 사용 설명서를 분실하셨군요.

이 문제를 해결할 수 있는 방법이 몇 가지 있습니다. 먼저, 저희 인터넷 사이트에 가입하세요. 그리고 난 후, 설명서를 무료로 다운로드 받을 수 있습니다. 또는 집에서 가까운 서비스 센터에 가보셔도 됩니다. 만약 가장 가까운 서비스 센터를 찾고 싶다면 저희 홈페이지에서 찾아보실 수 있습니다. 또한 서비스 센터에 갈 시간이 없다면, 이메일이나 전화로 모델 번호를 알려주시면 됩니다. 제가 설명서를 보내드리고 카메라 사용 방법을 설명해 드리겠습니다. 카메라로 가족들과 소중한 순간을 담는 데 제 정보가 도움이 되었으면 좋겠습니다.

대단히 감사합니다.

월드 카메라 회사 고객 서비스 센터

Question 04

From:	James Moon, ABC Company
To:	Peter Smith
Subject: Regarding my transfer to your branch	
Sent:	April 11, 7:52 A.M.

Dear Mr. Smith,

My name is James Moon, and I am scheduled to be transferred to your branch next month.
In order to adjust to the branch quickly, I'd like to request some information. I was wondering where the office is located and with how many coworkers I will be working.
I am looking forward to your reply.

Best wishes,
James Moon

Directions: Respond to the e-mail as if you are Peter. Give THREE pieces of information.

발신: 제임스 문, ABC 회사
수신: 피터 스미스
제목: 귀 지점으로 가는 제 전근에 대해
발송: 4월 11일, 오전 7시 52분

스미스 씨에게,

제 이름은 제임스 문이며, 저는 귀하의 지점으로 다음달에 전근가기로 예정되어 있습니다.
지점에 빨리 적응하기 위해서, 저는 몇 가지 정보를 요청하고 싶습니다. 사무실이 어디에 위치해 있는지, 그리고 몇 명의 동료들과 제가 일하게 되는지 궁금합니다.
귀하의 답장을 기다리겠습니다.

제임스 문 드림

지시사항: 당신이 피터라고 생각하고 이메일에 답장하시오. 3개의 정보를 제시하시오.

Dear Mr. Moon,

Thank you for your e-mail. I am happy to provide you with the information you requested.
First, our office is located in Myeongdong. It is within 5 minutes' walking distance from exit 3 at Myeongdong Station and is located on the 5th floor of ABC Tower. I have attached a map below for your convenience.
Second, there are a total of 20 employees in our branch. As you are scheduled to work in the Marketing Department, you will have 3 coworkers.
Should you have any further questions, please do not hesitate to contact me. I look forward to your joining our branch next month.

Sincerely,
Peter Smith
ABC Company

문 씨에게,

이메일을 보내주셔서 감사합니다. 저는 귀하가 요청한 정보들을 제공해드릴 수 있어서 정말 기쁩니다.
첫째로, 우리 사무실은 명동에 위치해 있습니다. 명동역 3번 출구에서 도보로 5분 이내 거리이며, ABC 타워 5층에 있습니다. 제가 귀하의 편의를 위해 아래에 지도를 첨부해놓았습니다.
둘째로, 우리 지점에는 총 20명의 직원들이 있습니다. 귀하는 마케팅부에서 근무할 예정이므로, 귀하에게는 3명의 동료가 있게 될 것입니다.
추가 질문들이 있으시다면, 주저하지 말고 제게 연락하세요. 저는 다음 달에 귀하가 우리 지점에서 함께 하시는 것이 기대됩니다.

피터 스미스 드림
ABC 회사

Question 05

From:	Patrick Fischer, Head of Delivery at Beans & Betty Beverage Company
To:	Nancy Chung
Subject:	Delivery Problem
Sent:	July 3, 9:04 A.M.

Dear Nancy Chung,

Thank you for your interest in ordering products from our company.

I am sorry, but the beverage that you ordered is out of stock now, so the delivery will take a few weeks. However, we have a lot of other popular beverages that people like. How about other drinks? If that is okay with you, we will send them to you right now. I am sorry for the inconvenience.

Thank you very much.

Patrick Fischer
Head of Delivery at Beans & Betty Beverage Company

Directions: Respond to the e-mail as if you are Nancy Chung. In your e-mail, give TWO pieces of information and make ONE suggestion.

발신: 패트릭 피셔, 빈스 & 베티 음료회사 배송 책임자
수신: 낸시 정
제목: 배송 문제
발송: 7월 3일, 오전 9시 4분

낸시 정 씨에게,

저희 회사의 제품을 주문해주셔서 감사합니다. 죄송하지만, 주문하신 음료는 현재 재고가 없어서 배송이 몇 주가 걸릴 것입니다. 그러나 저희 회사에는 사람들이 좋아하는 다른 인기있는 음료들이 많이 있습니다. 다른 음료들은 어떠세요? 만약 괜찮으시다면 바로 배송해 드릴 수 있습니다. 불편을 드려 죄송합니다.

대단히 감사합니다.

패트릭 피셔
빈스&베티 음료회사 배송 책임자

지시사항 : 당신이 낸시 정이라고 가정하고 이메일에 답장하시오. 당신의 이메일에서 2개의 정보를 제시하고 1개의 제안을 하시오.

Dear Patrick Fischer,

I received your e-mail regarding the delayed delivery. I am sorry that the beverage that I ordered is out of stock. If I want to receive it, when will it be delivered?

I have a big party next Friday, so I would like to get my order by next Thursday. However, if you can't deliver it by next Thursday, it's okay with me to get other drinks. Fortunately, I love all of your beverages. Could you send me a list of your products as soon as possible?

Also, I think you should let customers check the status of the products they want to order on the web site in advance. If you provide this service, your customers will be more satisfied.

Thanks,
Nancy Chung

패트릭 피셔 씨에게,

배송 지연에 관한 이메일을 받았습니다. 제가 주문한 음료가 재고가 없다니 유감이네요. 만약 제가 주문한 음료를 받고 싶다면 언제 배달될까요?

제가 다음 주 금요일에 큰 파티가 있는데, 다음 주 목요일까지 제가 주문한 음료를 받고 싶습니다. 만약에 다음 주 목요일까지 배송해줄 수 없다면, 다른 음료를 받는 것도 괜찮습니다. 다행히도 저는 귀사의 음료를 모두 좋아합니다. 저에게 되도록 빨리 상품 목록을 보내주시겠어요?

또한 고객들이 웹 사이트에서 주문하고 싶은 상품의 (재고) 상황을 미리 확인하게 하셨으면 합니다. 이 서비스를 제공하신다면, 고객들이 더 만족할 것입니다.

감사합니다.
낸시 정

Question 06

From:	Daniel , Job Agency
To:	Advertising List
Subject: Open Positions	
Sent:	April 23, 04:20 A.M.

Hi, our customers,

We regularly offer new positions to potential employees. If you are looking for a new job or want to change jobs in the future, please send us your résumé including your work experience. We will try to help you find a good job.

If you have any questions, feel free to contact us via e-mail.

Thanks,

Daniel

Job Agency

Directions: Respond to the e-mail as if you are looking for a job. In your e-mail, give THREE pieces of information about your career and your educational background.

발신: 다니엘, 구직 대행사

수신: 홍보 명단

제목: 일자리

발송: 4월 23일, 오전 4시 20분

안녕하세요, 고객 여러분.

저희는 정기적으로 잠재적인 고용인들을 위해 새로운 일자리를 제공합니다. 만약 장차 새로운 일자리를 찾거나 이직을 원한다면, 경력이 포함된 이력서를 보내주세요. 좋은 일자리를 찾아 드리도록 노력하겠습니다.

질문이 있으시면, 언제든 이메일로 저희에게 연락주세요.

감사합니다.

다니엘

구직 대행사

지시사항: 당신이 일자리를 찾고 있다고 가정하고 이메일에 답장하시오. 당신의 이메일에서 당신의 경력과 학력에 대한 3개의 정보를 제시하시오.

Dear Daniel,

I received your e-mail regarding the open positions.

I am interested in your open position. I've been working for SO Company as a program designer for 4 years and can deal with many programs related to this field. Also, I majored in Computer Science, so I am confident that I have a lot of related experience in this field. Moreover, I studied abroad when I was a university student, so I have no problem communicating with foreigners. In the future, I would like to work for a foreign company. Attached is my résumé. If you want further information, please feel free to contact me. I am looking forward to your reply.

Thanks.

다니엘 씨에게.

일자리에 관한 귀하의 이메일을 받았습니다. 저는 귀사의 일자리에 관심이 있습니다. 저는 SO 회사에서 4년간 프로그램 디자이너로 일해왔고, 이 분야와 관련된 많은 프로그램을 다룰 수 있습니다. 또한 저는 컴퓨터 과학을 전공해서, 이 분야와 연관된 많은 경험을 갖고 있다고 자신합니다. 게다가 저는 대학생이었을 때 해외 유학을 했기 때문에, 외국인들과 대화를 하는 데 어려움이 없습니다. 향후에 외국계 회사에서 일해보고 싶습니다. 첨부한 것은 제 이력서입니다. 더 많은 정보를 원하시면, 언제든 제게 연락주세요. 답장 기다리겠습니다.

감사합니다.

PART 3

STEP 3 공략 포인트

❶ 서론 패턴 Ⅰ

＊영작 연습하기

1 As everyone knows, we have to exercise for our health.

2 Many people think that we should reduce the use of plastic to protect nature.

3 People have a tendency to spend time with their pets on weekends.

4 It is often said that children perform better at school after eating a nutritious breakfast.

❷ 서론패턴 Ⅱ

＊영작 연습하기

1 I prefer living in a place that has the same weather all year long.

2 I would rather watch a hockey game on TV than play it myself.

3 I agree with my grandmother. People don't respect their elders like they used to.

4 I have a preference for movies with a happy ending.

❸ 본론 패턴 Ⅰ

＊영작 연습하기

1 To begin with, by consulting with others, you may hear new ideas that you did not think of yourself.

2 Most of all, taking art classes is a great way to boost your creativity, which is a fundamental skill.

3 First, wearing a mask should be mandatory because it is a public health issue.

❹ 본론 패턴 Ⅱ

＊영작 연습하기

1 In addition, I will not borrow money from a friend because I cannot relax around that person.

2 Secondly, switching off electronic devices before going to bed will improve your sleep.

❺ 본론 패턴 Ⅲ(예문 만들기)

＊영작 연습하기

1 For example, a few years ago, I loaned some money to my friend based on the trust that we had built over many years. My friend didn't make an effort to pay back the money. Our relationship was destroyed because we didn't trust each other anymore.

2 As for me, spending time in nature has improved my mental wellbeing. I used to suffer from anxiety because I was busy all the time. However, now I try to go for a walk in the park at least once a week. Since starting this habit, I feel more relaxed, and my anxiety level has decreased.

3 In my experience, eating healthy improves my exam performance. When I eat sugary food or junk food, I often crash and start to feel sleepy.

In addition, when I skip a meal, I struggle to focus. Now, I always make sure to eat a complete nutritious meal before an important exam.

---

❻ 결론

* 영작 연습하기

1 In summary, while having luxury items is nice, I would prefer to buy tickets for a concert if I received some money as a gift.

2 In conclusion, there are more career opportunities today than there were for members of the previous generations.

3 For these reasons, I try to make purchases at small independent stores instead of from big corporations.

---

❽ 선호형/찬반형 에세이

1. 서론

* 영작 연습하기

1 Many people think that studying abroad is necessary. However, there are others who believe that it's not necessary to study English in foreign countries.

2 I agree that students should study abroad because they can experience many different cultures and have many opportunities to speak English.

2. 본론 ①

* 영작 연습하기

1 To begin with, it's important to spend time with my family.

2 For instance, my sister's been working for a large company for three years, but she is not satisfied with her job. Since she always works overtime, she has no time for her family or hobbies.

---

3. 본론 ②

* 영작 연습하기

1 In addition, another reason why students study abroad is that they can have many opportunities to improve their English skills.

2 In this regard, employers are under big pressure to keep their businesses running.

4. 결론

* 영작 연습하기

1 In conclusion, many people actually prefer to work as an employee instead of as a business owner.

2 This is because people will have less stress and more security.

3 For these reasons, I prefer working with others.

---

❾ 장단점형 에세이

1. 서론

* 영작 연습하기

1 People tend to prefer working for a big company. There are the advantages and disadvantages to working for a big company.

2 I think one of the advantages of working for a big company is that people have a lot of welfare packages. However, they[one] may spend too much time working in the office.

2. 본론 ①

* 영작 연습하기

1 On the one hand, people can work at a large company in order to have many benefits.

2 For example, there are many training seminars, weekly meetings, and social events in my company. However, since each employee's schedule is based on his or her available working hours, it is difficult to arrange team events.

3. 본론 ②

＊영작 연습하기

1 On the other hand, it's not good to change jobs frequently because it will take too much time getting used to a new workplace. People will have to get used to their new co-workers and working conditions, so they will get stressed. In this regard, people can waste time and energy adapting to the new environment, and can therefore fall behind in their work.

4. 결론

＊영작 연습하기

1 In conclusion, there are advantages and disadvantages to changing jobs. Although it's good to challenge one's self, one can spend too much time getting used to a new workplace. Therefore, one should consider both advantages and disadvantages before changing jobs.

---

⑩ 설명형 에세이

1. 서론

＊영작 연습하기

1 People have different opinions about the characteristics of a good co-worker. When people work for a company, they work with many co-workers with various characteristics. In my opinion, an ideal co-worker should be friendly and listen to others.

2. 본론 ①

＊영작 연습하기

1 Firstly, a co-worker should be friendly.

2 Firstly, a good CEO should be a good listener.

3. 본론 ②

＊영작 연습하기

1 Secondly, interpersonal skills are absolutely essential for employees when they deal with customers.

2 In this regard, if the employees have good interpersonal skills, the customers will be satisfied with the service.

Do you agree or disagree with the following statement?

Playing a game is fun only when you win.

Use specific reasons and examples to support your answer.

다음 주장에 동의하는가, 동의하지 않는가?

게임은 이길 때만 즐겁다.

당신의 의견을 뒷받침하는 구체적인 이유와 예시를 사용하시오.

Many people think that people play games to win. However, there are others who believe that winning is not important. I agree that playing games can be fun without winning because there are important benefits to playing games, like learning rules that may be applied elsewhere, as well as spending time with family and friends.

To begin with, it is important to learn how games work. For example, when I was a swimmer, one day I prepared for a swimming competition. Our team members always swam until late at night because we wanted to be winners in the competition. Unfortunately, we did not win the competition. However, we were not disappointed with the results because we realized that doing our best was more important than winning. Therefore, people should focus on the "process" instead of the result.

In addition, another reason why people can have fun playing games is that they can spend time with their families and friends. Nowadays, we are busy with work or studies. But when we have free time, we want to spend that time with family and friends. Playing games together is an easy way to enjoy our spare time with family and friends because it allows us to talk and get along with each other more. Also, it can reduce stress, as well as be fun. This is why even though people lose games, they still can enjoy free time to the fullest. As a result, playing games gives us a chance to spend time with family and friends.

In conclusion, we can have fun even though we lose games because the "process" of playing is more important. Also, we can get closer with family and friends by spending time together. For these reasons, I disagree that we can have fun playing games only if we win.

많은 사람들은 사람들이 이기기 위해 게임을 한다고 생각한다. 그러나 이기는 것은 중요하지 않다고 믿는 사람들도 있다. 나는 게임을 하는 것은 이기지 않고도 재미있을 수 있다고 생각한다. 왜냐하면 게임을 하면서 다른 곳에서 적용할 수 있는 규칙을 배운다거나 가족, 친구들과 함께 시간을 보내는 것과 같은 중요한 이점이 있기 때문이다.

우선, 게임을 어떻게 하는지를 배우는 것이 중요하다. 예를 들어, 내가 수영 선수였을 때 나는 수영대회를 준비하고 있었다. 우리 팀원들은 밤늦게 까지 수영 연습을 했다. 왜냐하면 우리는 그 대회에서 우승을 하고 싶었기 때문이다. 불행히도 우리는 대회에서 우승하지 못했다. 하지만 우리는 최선을 다하는 것이 우승보다 더 중요하다는 것을 깨달았기 때문에 결과에 실망하지 않았다. 그러므로, 사람들은 결과 대신에 '과정'에 초점을 맞추어야 한다.

게다가, 사람들이 게임을 즐기는 다른 이유는 가족, 친구들과 함께 시간을 보낼 수 있기 때문이다. 요즘 우리는 일이나 공부로 바쁘다. 그러나 우리는 시간 여유가 있을 때 가족이나 친구들과 그 시간을 보내고 싶어 한다. 게임을 함께 하는 것은 서로 더 얘기하고 어울리게 해주기 때문에 가족과 친구들이 함께 여가 시간을 즐길 수 있는 쉬운 방법이다. 또한 게임은 재미가 있을 뿐더러 스트레스도 줄여줄 수 있다. 그것이 바로 사람들이 게임에서 지더라도 즐거운 여가 시간을 보낼 수 있게 되는 이유인 것이다. 결과적으로, 게임을 하는 것은 우리에게 가족, 친구들과 함께 시간을 보낼 수 있는 기회를 준다.

결론적으로, 우리는 게임에서 지더라도 즐거울 수 있다. 왜냐하면 게임의 '과정'이 더 중요하기 때문이다. 또한 우리는 함께 시간을 보냄으로써 가족, 친구들과 더욱 가까워질 수 있다. 이러한 이유로 나는 게임은 이길 때만 즐거울 수 있다는 것에 동의하지 않는다.

Question 01

| Do you think it is necessary for students to take a class on public speaking? | 학생들이 연설에 관한 수업을 듣는 것이 필요하다고 생각하는가? |

Answer A

Some people would rather jump out of a plane than speak in front of a group of people. However, public speaking is a core skill you need to develop if you want to progress in your career. Unfortunately, most people are not naturally skilled orators; they must be trained. Therefore, I believe it is necessary for students to take a class on public speaking.

Public speaking is a skill, and like any other skill, it needs practice. Simply being confident in front of a group of people does not automatically make you a skilled orator. People who excel at public speaking know how to keep their audience engaged. They know how to adapt their intonation and pace, for example, by pausing at the right times for emphasis. Excellent public speakers also have good time management skills, which are essential for respecting the time of the audience, the event organizers, and the other speakers. By taking a public speaking class, students can formally learn such key principles of how to be a good public speaker.

Furthermore, undertaking formal training in a classroom offers a safe space for practice by allowing constructive criticism. For example, there is a popular public speaking club called Toastmasters that trains people how to deliver confident and engaging speeches. Its members take turns each week to either present or provide feedback to other presenters by focusing on a specific element of their speeches. For example, one member can be dedicated to timing, and another member can be dedicated to noting down all the words in a speech that lower its quality. This includes words such as "um," "so," and "like." This allows members to have as many dress rehearsals as needed for any upcoming presentations and to make alterations according to real audience feedback.

In conclusion, public speaking is a common fear; however, people need not be afraid to hone this necessary skill after signing up for a class. Remember that practice makes perfect, and the classroom is an ideal place for both learning the key principles of how to be a skilled orator and for putting these principles into practice in front of a live audience to receive invaluable feedback.

어떤 사람들은 많은 사람들 앞에서 말하는 것보다 비행기에서 뛰어내리는 것이 더 낫다고 생각한다. 하지만, 대중 연설은 당신이 경력을 발전시키고 싶다면 꼭 개발해야 하는 핵심 기술이다. 불행하게도, 대부분의 사람들은 선천적으로 숙련된 웅변가가 아니라 훈련을 반드시 받아야만 한다. 그러므로, 나는 학생들이 연설 수업을 듣는 것이 필요하다고 생각한다.

대중 연설은 기술이고, 다른 기술과 마찬가지로 연습이 필요하다. 단순히 한 무리의 사람들 앞에서 자신만만하다고 해서 자동적으로 능숙한 웅변가가 되는 것은 아니다. 대중 연설에 뛰어난 사람은 청중을 사로잡는 방법을 알고 있다. 예를 들어, 강조를 위해 적절한 시간에 잠시 멈춤으로써 그들은 억양과 속도를 어떻게 조절해야 하는지 알게 될 것이다. 훌륭한 대중 연설자들은 또한 뛰어난 시간 관리 능력을 가지고 있는데, 이것은 청중, 행사 주최자 그리고 다른 연설자들의 시간을 존중해주는 데 필수적이다. 대중 연설 수업을 들음으로써, 학생들은 어떻게 훌륭한 대중 연설자가 될 수 있는지에 대한 핵심 원칙들을 정식으로 배울 수 있다.

게다가, 교실에서 정식 훈련을 하는 것은 건설적인 비판을 허용함으로써 안전한 연습 공간을 제공한다. 예를 들어, 사람들에게 자신감 있고 매력적인 연설 방법을 훈련시키는 '토스트마스터즈'라고 불리는 인기 있는 대중 연설 클럽이 있다. 회원들은 매주 교대로 발표하거나 그들의 연설의 특정 요소에 집중하여 다른 발표자들에게 피드백을 제공한다. 예를 들어, 한 회원은 타이밍에 전념할 수 있고, 다른 회원은 연설의 질을 낮추는 모든 단어를 적어내는 데 전념할 수 있다. 이러한 것에는 "음," "그래서," "같은"과 같은 단어들을 포함한다. 이를 통해 회원들은 앞으로 있을 모든 프레젠테이션에 필요한 만큼 리허설을 할 수 있으며, 실제 청중들의 피드백에 따라 수정할 수 있다.

결론적으로, 대중 연설은 일반적인 두려움이지만, 사람들이 이 필수적인 기술을 기르기 위해 수업에 등록한 이후에는 이것을 두려워할 필요가 없다. 연습하면 완벽해진다는 것을 기억하라. 그리고 교실은 숙련된 웅변가가 되는 방법의 핵심 원칙을 배우고, 귀중한 피드백을 위해 청중들이 직접 지켜보는 앞에서 이러한 원칙을 실천하는 데 이상적인 장소이다.

Answer B

Public speaking is a core skill for people in many professions. As a result, there has been an increase in classes teaching people how to be great public speakers. However, I believe this is an unnecessary expense. Firstly, there is an abundance of materials online for free, and secondly, you risk having a negative experience in class, which could lead you to become even more afraid of public speaking. Therefore, in my opinion, it is better to avoid taking a class on public speaking.

Today, people have access to a variety of resources online for free. You can find e-books, blogs, YouTube channels, and TED Talks, for instance, dedicated to helping you become a better public speaker in a much more cost-efficient way. There are also other ways to develop your public speaking skills outside the classroom. For example, you can practice for free with friends and family, you can take up a new hobby that involves regularly speaking in front of people, such as theater or improv comedy, and you can participate in open mic nights at different bars to gain confidence. If you are resourceful, I believe there are more effective ways to become good at public speaking without taking a formal class.

In addition, there are risks involved with taking a class, which may inadvertently make you worse at public speaking. You cannot guarantee the quality of the material or the teacher nor the personalities of the other students. Classes on public speaking are designed to provide constructive criticism on a regular basis; however, depending on the skills of the teacher and the students, you risk being traumatized if they are unable to deliver their criticism in a constructive and sensitive manner. In their demand for perfection, you may lose confidence in the aspects of public speaking you were naturally good at. If you are particularly sensitive, you could even develop a phobia of speaking in public.

In conclusion, public speaking is notoriously difficult, so there are many classes that cater to people who would like to develop their public speaking skills. However, I believe taking a formal class is an inefficient use of time and money and risks causing more harm than good. Therefore, students should not take a class on public speaking.

대중 연설은 많은 직업의 핵심 기술이다. 그 결과, 사람들에게 훌륭한 대중 연설자가 되는 방법을 가르쳐주는 수업들이 증가해왔다. 하지만, 나는 이것이 불필요한 비용이라고 생각한다. 첫째, 온라인에는 무료로 제공되는 자료가 풍부하고, 둘째, 수업 중에 부정적인 경험을 할 위험이 있으며, 이로 인해 대중 연설에 대한 두려움이 더욱 커질 수 있다. 그러므로, 나는 대중 연설 수업을 피하는 것이 좋다고 생각한다.

오늘날, 사람들은 온라인에서 다양한 자료를 무료로 이용할 수 있다. 예를 들어, 훨씬 더 비용 효율적으로 더 나은 대중 연설자가 되도록 돕는 전자책, 블로그, 유튜브 채널, TED 강연을 찾을 수 있다. 또한 교실 밖에서 대중 연설 기술을 발전시키는 다른 방법들도 있다. 예를 들어, 친구나 가족과 함께 무료로 연습할 수 있고, 연극이나 즉흥 코미디와 같이 사람들 앞에서 정기적으로 말하는 새로운 취미를 가질 수도 있다. 그리고 자신감을 얻기 위해 여러 술집에서 열리는 마이크 밤에 참여할 수 있다. 만약 당신이 수완이 좋다면, 정식 수업을 듣지 않고도 대중 연설을 잘할 수 있는 더 효과적인 방법들이 있을 것이다.

게다가, 수업을 듣는 것과 관련된 위험도 있는데, 이것은 의도치 않게 당신이 대중 앞에서 말하는 것을 더 나쁘게 만들 수도 있다. 당신은 자료나 교사의 질 또는 다른 학생들의 인성을 보장받을 수 없다. 대중 연설에 관한 수업은 정기적으로 건설적인 비판을 제공하도록 설계되었다. 하지만 선생님과 학생들의 능력에 따라, 만약 그들이 그들의 비판을 건설적이고 세심한 방식으로 전달할 수 없다면, 당신은 정신적 충격을 받을 위험이 있다. 완벽을 바라는 그들의 요구에서, 자신이 자연스럽게 잘했던 대중 연설의 측면에 대한 자신감을 잃을지도 모른다. 만약 당신이 특히 예민하다면, 심지어 대중 앞에서 말하는 것에 대한 공포증이 생길 수도 있다.

결론적으로, 대중 연설은 악명 높게 어려운 것으로 알려져 있고, 대중 연설 기술을 발전시키길 원하는 사람들의 구미에 맞는 수업들이 많이 있다. 하지만, 정규 수업을 듣는 것은 시간과 돈의 비효율적인 사용이며, 이로움보다는 해를 끼칠 위험이 더 크다. 그러므로, 학생들은 대중 연설 수업을 듣지 말아야 한다.

Question 02

Which of the following do you think students should do during their summer vacation?

- travel

- do community service

- spend time with their friends

In today's competitive job market, students feel pressured to make the most of their summer vacation. In my opinion, traveling during the summer vacation is the most worthwhile activity. Not only is a student's summer vacation a highly opportune moment for reaping the rewards of travel, but the unique challenges faced while traveling independently can enhance a student's résumé.

Firstly, traveling is educational. It is a practical education that cannot be replicated in the classroom. Traveling can present unforeseeable and challenging situations that require students to use their initiative and problem-solving skills. Misadventures from your summer vacation can later provide anecdotes for selling yourself in a job interview as well as interesting stories to tell while networking. In addition, traveling often forces students to communicate in a second or third language, so it can be a more effective way to improve your language skills. By meeting people from all over the world, a student's education is enriched through cultural exchange and cognitive diversity.

Secondly, it is an opportunity to make once-in-a-lifetime memories. Traveling is a special activity that only gets harder to do once you have settled down in a career or with a family. Students have the rest of their lives to focus on their careers and helping their community. Furthermore, typically, students' combination of enthusiasm and lack of funds results in more exciting travel than they might care for in later years. It would be a shame to miss out on such adventures.

In conclusion, I believe that traveling is one of the most beneficial ways to spend your summer vacation and that students should take the opportunity for adventurous travel while they have the freedom—and gumption—to do so. As the popular saying goes: "The world is a book, and those that don't travel read only one page."

경쟁이 치열한 오늘날의 취업 시장에서 학생들은 여름 방학을 최대한 활용해야 한다는 부담을 느낀다. 내 생각에, 여름 방학 동안 여행하는 것은 가장 가치 있는 활동이다. 학생들의 여름 방학은 여행의 보상을 얻을 수 있는 매우 적절한 순간일 뿐만 아니라, 독립적으로 여행하는 동안 맞닥뜨리는 특별한 도전들은 학생들의 이력을 강화시킬 수 있다.

첫째, 여행은 교육적이다. 이건 교실에서 따라할 수 없는 실용 교육이다. 여행은 학생들이 진취성과 문제 해결 능력을 사용해야 하는 예측 불가능한 도전적인 상황들을 제시할 수 있다. 여름 방학의 실수가 있는 모험은 나중에 취업 면접에서 자신을 표현할 수 있는 일화뿐만 아니라 사람들과 관계를 맺으며 말할 수 있는 흥미로운 이야기들을 제공할 수 있다. 게다가, 여행은 종종 학생들에게 제2 또는 제3외국어로 의사소통을 하도록 만든다. 그래서 그것은 언어 능력을 향상시키는 더 효과적인 방법이 될 수 있다. 세계 각지에서 온 사람들을 만나면서, 학생의 교육은 문화 교류와 인지 다양성을 통해 풍요로워진다.

둘째, 이건 평생 단 한 번뿐인 추억을 만들 수 있는 기회다. 여행은 직장이나 가족과 함께 한 번 정착하면 하기 더 어려워지는 특별한 활동이다. 학생들은 직업과 지역사회를 돕는 일에 집중하면서 그들의 여생을 보낸다. 게다가, 전형적으로, 학생들의 열정과 자금 부족은 그들이 나중에 신경 쓸 수 있는 것보다 더 흥미진진한 여행으로 이어진다. 그런 모험을 놓치는 것은 아쉬운 일이다.

결론적으로, 나는 여행이 여름 방학을 보낼 수 있는 가장 유익한 방법 중 하나이며 학생들은 그럴 자유와 용기가 있는 동안 모험적인 여행을 할 기회를 가져야 한다고 생각한다. 많은 사람들이 공유하는 속담에 다음과 같은 말이 있다: "세상은 책이고, 여행하지 않는 사람은 책의 한 페이지만 읽은 것이다."

PART 1　Actual Test 1

Question 01

carry / box

- Two men are carrying some boxes to another place.
- Each man is carrying three boxes.
- Two men with hard hats are carrying boxes.

두 남자가 상자를 다른 곳으로 옮기고 있다.
남자들이 각자 상자 3개를 나르고 있다.
안전모를 쓴 남자 2명이 상자들을 나르고 있다.

Question 02

fish / shop

- There is a lot of fish in the shop.
- A man is arranging the fish for his customers of the shop.
- He is selling many different types of fish in the shop.

가게에 생선이 많이 있다.
한 남자가 그 가게의 손님들을 위해 생선을 다듬고 있는 중이다.
그는 가게에서 다양한 종류의 생선을 팔고 있는 중이다.

Question 03

man / in order to

- A man is trying on shoes in order to buy them.
- The man is trying them on in order to see if the shoes are a comfortable fit.
- The man is sitting down in order to try on the shoes.

한 남자가 신발을 사기 위해 신어보고 있다.

남자가 신발이 편안한 착용감인지 알아보기 위해 신발을 신어보고 있다.

남자가 신발을 신어보기 위해 앉아 있다.

Question 04

stair / woman

- Two women are taking the stairs to go to lunch.
- The women walking down the stairs are holding onto the handrail.
- The women are talking to each other while walking down the stairs.

두 여자가 점심을 먹으러 가려고 계단을 이용하고 있다.

계단을 내려가는 여자들이 난간을 잡고 있다.

여자들이 계단을 내려가는 동안 서로 이야기하고 있다.

Question 05

cook / how

- They are talking about how to cook for VIP customers.
- One man is teaching another man how to cook healthy food.
- They are looking at a new recipe because they don't know how to cook the special food.

그들은 VIP 고객을 위해 요리하는 방법에 대해 이야기하고 있다.

한 남자가 다른 남자에게 건강에 좋은 음식을 요리하는 법을 가르치고 있다.

그들은 특별한 음식을 어떻게 요리하는지 모르기 때문에 새로운 요리법을 보고 있다.

Question 06

From:	Rosebud Cottages
To:	Subscribers
Subject:	Big Event
Sent:	March 2, 1:39 P.M.

Thank you for your interest in one of our vacation rentals. Our company provides a variety of equipment and services.

We want you to have a great vacation. If you make a reservation this month, you'll receive a special discount. Our rentals are perfect for spending time with friends and family or for couples going on a romantic getaway. Please feel free to contact me if you have any questions.

Directions: Respond to the e-mail. Include ONE piece of information and TWO questions.

발신: 로즈버드 오두막
수신: 구독자들
제목: 큰 행사
발송: 3월 2일, 오후 1시 39분

저희 휴가 렌탈 중 하나에 관심을 가져주셔서 감사합니다. 저희 회사는 다양한 장비와 서비스를 제공합니다.

저희는 귀하께서 즐거운 휴가를 보내시길 바랍니다. 이번 달에 예약하시면, 특별 할인을 받으실 수 있습니다. 저희 렌탈은 친구나 가족과 함께 시간을 보내거나 로맨틱한 휴가를 가는 커플에게 완벽합니다. 궁금하신 점이 있으시면 언제든지 연락주세요.

지시사항: 이메일에 답장하시오. 1개의 정보와 2개의 질문을 포함하시오.

Dear Rosebud Cottages representative,

Thank you for your e-mail. I am very interested in renting one of your cottages for a long weekend this fall for my partner and myself.

I would like this trip to be extra special as it is in celebration of our three years together as a couple. In fact, I am planning to propose!

Do you have any cottages that are particularly suited for such a momentous occasion? In addition, do you provide any engagement add-on packages that might make the stay extra special? For example, I would be interested in purchasing some champagne or perhaps rose petals for inside the cottage for one of the nights. I am in the early planning stages, so I would be happy to hear any ideas you may have as well as more details you can provide on potential services of this kind.

Finally, if I book early, can you confirm the amount of the discount you provide?

I look forward to hearing from you.

Kind regards,

Ben Smith

로즈버드 오두막 담당자 분께,

이메일에 감사드립니다. 이번 가을 긴 주말 동안 어자친구와 저른 위해서 귀 오두막을 빌리는 데 큰 관심을 가지고 있습니다.

저는 이번 여행이 저희가 커플로 함께 한 3년을 기념하는 것인 만큼 더욱 특별하길 바라고 있습니다. 사실, 저는 프러포즈를 할 계획입니다!

이런 중요한 행사에 특히 잘 맞을 오두막이 있을까요? 또한, 저희가 머무는 시간을 더욱 특별하게 만들어줄 약혼과 관련된 추가 패키지를 제공하나요? 예를 들어, 저는 하룻밤 정도는 오두막 안에 둘 샴페인이나 혹은 장미 꽃잎들을 구입하는 것에 관심이 있습니다. 저는 계획 초기 단계라서, 귀사가 가지고 있는 아이디어나 이러한 종류의 가능한 서비스에 대해 제공해주실 수 있는 더 많은 세부 정보들을 들으면 좋겠습니다.

마지막으로, 제가 일찍 예약하면, 제공하시는 할인 금액도 확인해주실 수 있나요?

답장 기다리겠습니다.

벤 스미스 드림

From:	Laura Banks
To:	Art Attack Academy
Subject:	Class inquiry
Sent:	June 28, 10:13 A.M.

I am interested in your art school. I moved into this neighborhood last week and have two children who like art.

I want to know more about the program and wonder if there is an opportunity to sit in on a class before signing up. I'd appreciate it if you could send me more details.

Directions: Respond to the e-mail. In your e-mail, provide TWO pieces of information and ask ONE question.

발신: 로라 뱅크스
수신: 아트 어택 아카데미
제목: 수업 문의
발송: 6월 28일, 오전 10시 13분

저는 귀 미술학교에 관심이 있습니다. 저는 지난 주에 이 동네로 이사왔고, 미술을 좋아하는 두 아이가 있습니다.

프로그램에 대해 더 알고 싶고, 등록 전에 수업을 들어볼 기회가 있는지 궁금합니다. 좀 더 자세한 내용들을 보내주시면 감사하겠습니다.

지시사항: 이메일에 답장하시오. 당신의 이메일에서 2개의 정보를 제시하고 1개의 질문을 하시오.

Dear Laura,

Thank you for your e-mail. My name is Sarah Howard, and I am the head teacher at the Art Attack Academy. I am happy to assist you with your inquiry.

Firstly, welcome to the neighborhood! This is a wonderful neighborhood, and I am sure you'll have no trouble getting settled.

We hold several different classes depending on ability and style preference. Prospective students are allowed to sit in on any class for free. After that, you can mix and match classes with a pre-purchased voucher. The longer time of classes you purchase in advance, the lower your price per class will be. For example, we offer a 10-hours for $100, a 15-hours for $120, and 20-hours for $140.

Do your children have any experience with art? If you let me know their previous experience and interests, I can recommend the best classes to start with.

On an additional note, if you need any other assistance with settling in here, don't hesitate to reach out. I would be happy to provide answers to any questions you may have.

Kind regards,

Sarah

로라 씨에게,

이메일에 감사드립니다. 제 이름은 사라 하워드이고, 아트 어택 아카데미 교장입니다. 문의에 도움을 드리게 되어 정말 기쁩니다.

먼저, 이 지역에 오신 것을 환영합니다! 이 곳은 아주 멋진 동네이고, 정착하시는 데도 어려움이 없으실 거라고 확신합니다.

저희는 능력과 스타일 선호도에 따라 여러 다양한 수업을 진행하고 있습니다. 예비 학생들은 어떤 수업이든 무료로 수강해볼 수 있습니다. 그런 다음, 사전 구매한 상품권으로 수업들을 섞어서 들을 수 있습니다. 이 상품권은 미리 구매하신 시간이 많을수록, 수업당 가격이 낮아집니다. 예를 들어, 100달러에 10시간 이용권, 120달러에 15시간 이용권, 140달러에 20시간의 이용권을 제공합니다.

고객님의 자녀분들이 전에 미술을 접해본 경험이 있나요? 자녀분들의 이전 경험과 관심사를 알려주신다면, 시작하기에 가장 좋은 수업을 추천해드릴 수 있습니다.

추가로, 이곳에 정착하시는 데 어떤 도움이라도 필요하시면, 주저 마시고 연락주세요. 어떤 질문이라도 기꺼이 답변해드리겠습니다.

사라 드림

Question 08

Do you think it is important to listen to the people around you when you change jobs?	당신은 이직할 때 주변 사람들의 말을 귀담아듣는 것이 중요하다고 생각하는가?

Answer A

People are changing jobs more frequently than they used to. The possibilities in today's world are endless. This can be overwhelming, and it is normal to consult others for advice. I believe it is the best to do so because the more diverse opinions we get on the decision, the more likely we are able to come up with a comprehensive answer for our changing jobs. Furthermore, the very act of seeking advice may help us in our career progression; each friend represents a distinct network and has the potential to open more doors.

Firstly, seeking advice from others offers a more holistic perspective. To rely on just our own perception would result in a blinkered analysis that is affected by our own biases. Others may view our situation through a unique lens, thereby offering fresh points to consider that we were unable to see clearly previously. Our opinions are also influenced by our emotions. A friend's opinion, however, will be free from this influence. Thus, that person's perspective may be more reliable.

Secondly, the very act of seeking advice may make the process of changing jobs easier. Each friend we consult has access to a network of potential opportunities. If we focus on making the decision by ourselves, we miss out on these opportunities. We also learn from mistakes made in the past. By choosing to look inward, we are limiting ourselves to our own experiences and our own mistakes. In doing so, however, we are depriving ourselves of the rich tapestry of lessons learned from our friends. If making mistakes is the price paid for wisdom, then consulting our friends allows us to gain wisdom for free.

In sum, other people offer a diverse range of opinions. They give us a fresh perspective and a more holistic view of the problem. In addition, their opinions are not clouded by the subjective emotion we experience that is muddying our own opinion. Theirs is a purer form of rational thinking and logic. Furthermore, the very act of consulting our friends could open doors we were not able to on our own. As they say, "It's not what you know but who you know."

사람들이 예전보다 더 자주 직업을 바꾸고 있다. 오늘날 세계의 가능성은 무궁무진하다. 이것은 압도적이어서 다른 사람에게 조언을 구하는 것이 일반적이다. 나는 그렇게 하는 것이 최선이라고 믿는다. 왜냐하면 결정에 대한 더 다양한 의견을 얻을수록 이직에 대한 더 포괄적인 답을 얻을 수 있기 때문이다. 게다가, 조언을 구하는 바로 그 행동은 자신의 경력 발전에 도움을 줄 수 있다. 각각의 친구는 뚜렷한 관계망을 나타내고 더 많은 문을 열 수 있는 잠재력을 가지고 있다.

첫째, 다른 사람들에게 조언을 구하는 것은 보다 전체적인 관점을 제공해준다. 우리 자신의 인식에만 의존하는 것은 우리 자신의 편견에 영향을 받는 편향된 분석을 초래할 것이다. 다른 사람들은 개인의 렌즈를 통해 우리의 상황을 볼 수 있고, 따라서 우리가 이전에는 명확하게 볼 수 없었던 것을 고려할 수 있도록 새로운 시각을 제공해준다. 우리의 의견은 또한 감성의 영향을 받는다. 하지만 친구의 의견은 이러한 영향에서 자유로울 것이다. 그러므로 그 사람의 관점이 더 신뢰할 만할지 모른다.

둘째, 조언을 구하는 바로 그 행동은 직업을 바꾸는 과정을 더 쉽게 만들 수도 있다. 우리가 상담하는 각각의 친구는 잠재적인 기회의 네트워크에 접근할 수 있다. 우리가 혼자 결정을 내리는 데 집중하면, 우리는 이러한 기회들을 놓친다. 우리는 또한 과거에 저지른 실수로부터 배운다. 우리는 내면을 들여다보는 것을 선택함으로써, 우리 자신을 우리의 경험과 실수에 제한시키고 있다. 하지만 그렇게 함으로써 우리는 친구들에게서 배운 풍부한 교훈의 태피스트리를 스스로 박탈하고 있다. 만약 실수를 하는 것이 지혜를 얻는 대가라면, 친구와 상의하는 것은 우리가 무료로 지혜를 얻을 수 있게 해준다.

요약하면, 다른 사람들은 다양한 의견을 제시한다. 그들은 우리에게 문제에 대한 새로운 관점과 보다 전체적인 관점을 제공한다. 또한, 그들의 의견은 우리가 경험하는 자신의 의견을 흐리게 하는 주관적인 감정 때문에 흐려지지 않는다. 그들의 것은 이성적 사고와 논리의 더 순수한 형태다. 게다가, 친구들과 상의하는 바로 그 행동은 우리가 스스로 열 수 없었던 문을 열 수 있다. 그들이 말하는 대로, "무엇을 아느냐가 중요한 게 아니라 누구를 아느냐가 중요하다."

Answer B

Changing jobs is a difficult decision to make. For example, it is hard to know if the timing is optimal or whether it is best to climb a few more rungs on the career ladder before jumping ship. Some people prefer to seek advice from others when making such an important decision. I believe it is better to make the decision by yourself. Firstly, no one else has the complete understanding of the situation like you do, so they would be unable to give a fully formed answer; secondly, it is more empowering to make your own decisions, and in the event of a negative outcome, you will avoid resenting the person whose advice guided your decision.

To begin with, no one has a full grasp of the situation like you do. People only have a surface-level understanding of your job because they do not have the lived experience of it. Furthermore, their analysis is tainted by your subjective explanation, which may be biased by your own moods. For example, we tend to dwell on negative details when feeling bad tempered, which could leave the listener with an imbalanced perspective of the workplace. The listener also misses the gut instinct that you have that goes beyond logic and reason. On paper, you may be in the best job in the world, but if working there evokes feelings of deep depression or anxiety, then it is wise to find employment elsewhere.

In addition, I believe it is important to take responsibility for such an important decision. If you delegate the decision-making of such a life-changing moment to someone else, there is a risk that should the decision result in a negative outcome, you will come to resent the person who made the decision. Furthermore, by delegating such decisions, you risk losing ownership of your own life, which can be disempowering. You may become trapped in a dangerous mindset whereby life happens to you, rather than something you control, and anytime something bad happens, you feel powerless. By making tough decisions by yourself, you are taking ownership of your life, and empowering yourself in the process.

In conclusion, deciding whether to change jobs is a difficult decision to make. During this process, we will have questions and are tempted to turn to others for the answers. However, I believe you are the only person who can provide accurate answers to the questions you seek to answer. Listening to advice from others may cloud the truth of the situation and risks disempowerment in the long term.

직장을 옮기는 것은 하기 어려운 결정이다. 예를 들어, 타이밍이 최적인지, 혹은 그만두기 전에 좀 더 직급을 올리는 것이 최선일지 알기 어렵다. 어떤 사람들은 이렇게 중요한 결정을 내릴 때 다른 사람들에게 조언을 구하는 것을 선호한다. 나는 혼자 결정하는 것이 더 낫다고 생각한다. 첫째, 다른 누구도 본인처럼 이 상황에 대한 완벽한 이해를 하고 있지 않기에, 그만큼 완전히 충분한 대답을 줄 수 없을 것이다; 둘째, 스스로 결정을 내리는 것은 삶에 대한 자신감을 더욱 실어주고, 부정적인 결과가 발생할 경우 당신의 결정을 이끌어내도록 충고해준 사람을 원망하는 것을 피하게 될 것이다.

우선, 자신처럼 상황을 완전히 파악하는 사람은 아무도 없다. 사람들은 당신의 직업에 대한 실제 경험을 가지고 있지 않기 때문에 당신의 직업에 대해 표면적인 수준의 이해만을 하고 있다. 게다가, 그들의 분석은 당신의 주관적인 설명으로 얼룩져 있고, 이것은 당신 자신의 기분에 의해서 편향될 수 있다. 예를 들어, 우리는 기분이 나쁠 때 부정적인 세세한 것들에 연연하는 경향이 있는데, 이것은 듣는 사람에게 일터에 대한 불균형한 관점을 남길 수 있다. 듣는 사람은 또한 논리와 이성을 넘어서는 당신의 직감을 파악하지 못한다. 서류상으로는 세계 최고의 직장에 있을 수도 있지만, 만약 그곳에서 일하는 것이 깊은 우울증이나 불안감을 불러일으킨다면, 다른 곳에서 직장을 구하는 것이 현명하다.

더구나, 이런 중요한 결정에 대해서는 책임을 지는 것이 중요하다고 생각한다. 이렇게 인생을 바꿀 만한 중요한 순간의 의사결정을 다른 사람에게 위임한다면, 그 결정이 부정적인 결과를 가져왔을 때 그 결정을 내려준 사람을 원망하게 될 위험이 있다. 뿐만 아니라, 결정을 위임함으로써, 당신은 자신의 삶에 대한 소유권을 잃을 위험을 지게 되고, 이것은 삶에 대한 영향력을 잃게 할 수 있다. 당신은 삶에서 일어날 수 있는, 어떤 나쁜 일이 생길 때마다 스스로를 통제하기보다 무력감을 느끼게 되는 위험한 사고방식에 갇히게 될 수도 있다. 자기 스스로 어려운 결정을 함으로써, 당신은 자신의 삶에 대한 소유권을 가지고, 그 과정에서 자신에게 힘을 실어주는 것이다.

결론적으로, 이직을 할지 결정하는 것은 하기 어려운 결정이다. 이 과정에서 우리는 질문이 생기게 될 것이고 다른 사람들에게서 답을 찾으려 할 것이다. 그러나, 나는 당신이 대답을 찾고 있는 질문에 정확한 답을 제공할 수 있는 유일한 사람이라고 믿는다. 다른 사람의 충고를 듣는 것은 상황의 진실을 흐리게 할 수 있고, 장기적인 관점에서 볼 때 삶에 대한 영향력을 잃을 위험이 있다.

PART 1 Actual Test 2

Question 01

pick / apple

- A man is picking up an apple in the market.
- A man is looking at the fruit section to pick a fresh apple.
- The man pushing the shopping cart is picking an apple.

한 남자가 시장에서 사과 하나를 집어들고 있다.

한 남자가 신선한 사과를 고르기 위해 과일 코너를 보고 있다.

쇼핑 카트를 밀고 있는 남자가 사과를 고르고 있다.

Question 02

clock / many

- There are many clocks on the wall.
- There are many kinds of clocks on display.
- Many clocks are hanging on an old wall.

벽에 많은 시계들이 있다.

진열된 많은 종류의 시계들이 있다.

많은 시계들이 오래된 벽에 걸려 있다.

Question 03

play / since

- A couple is playing a game since they want to enjoy their weekend.
- They are playing chess since the woman wants to learn the rules of the game.
- A woman is playing chess with her boyfriend since they have to wait for their friend.

한 커플이 그들의 주말을 즐기기 원하기 때문에 게임을 하고 있는 중이다.

그들은 여자가 게임의 규칙을 배우기 원하기 때문에 체스 게임을 하고 있는 중이다.

한 여자가 남자친구와 체스를 하고 있는 중이다. 왜냐하면 그들은 그들의 친구를 기다려야 하기 때문이다.

Question 04

chart / and

- A woman is explaining the chart on the whiteboard, and her coworkers are looking at her.
- A woman is using a chart to visualize her point, and her colleagues are listening.
- A woman with her hair tied is showing some charts, and her colleagues are looking at the board.

한 여자가 화이트보드에 있는 차트를 설명하고 있고, 그녀의 동료들이 그녀를 보고 있다.

한 여자가 자신의 의견을 구체적으로 보여주기 위해 차트를 사용하고 있고, 그녀의 동료들이 듣고 있다.

머리를 묶은 여자가 차트를 보여주고 있고, 그녀의 동료들이 보드를 보고 있다.

Question 05

pay / after

- A man is paying by credit card after buying coffee and dessert.
- A man is paying now after having lunch.
- A customer is paying after he has ordered something.

한 남자가 커피와 디저트를 산 후에 신용카드로 결제하고 있는 중이다.

한 남자가 점심을 먹은 후에 지금 결제하고 있는 중이다.

한 손님이 무언가를 주문한 후에 지불을 하고 있는 중이다.

Question 06

From:	Joy Club
To:	ABC Apartment residents
Subject: Invitation	
Sent:	November 11, 8:42 P.M.

We have started a movie club for residents of the apartment complex. We will screen movies and have other activities for residents, too. Those interested in movies should join the club.

Directions: Respond to the e-mail. In your e-mail, give ONE piece of information and ask TWO questions.

발신: 조이 클럽
수신: ABC 아파트 거주자
제목: 초대
발송: 11월 11일, 오후 8시 42분

아파트 단지 주민들을 위해서 영화 클럽을 시작했습니다. 영화를 상영하고 주민들에게 다른 활동도 제공할 것입니다. 영화에 관심있는 사람들은 참석할 수 있습니다.

지시사항: 이메일에 답장하시오. 당신의 이메일에서 1개의 정보를 주고 2개의 질문을 하시오.

To whom it may concern,

My name is Sam Smith, and I live in apartment 808. I'm thrilled to hear about the new movie club! Actually, I'd like to be involved with organizing some of the events for the new club if possible. I have a background in event management, and I have lots of ideas I'd like to share with you!

I also have some questions I hope you can answer. First, how much is the membership fee, and will the fee automatically be added to our rent at the end of the month? If I help organize some events, will I still be required to pay?

Second, do you have a set day and time already for regular movie screening? I know the apartment residents have different schedules, so it might be challenging to find a time suitable for everyone. Perhaps it would be beneficial to conduct a survey of residents to find out about their preferences beforehand.

Thank you for your assistance. I look forward to hearing from you soon, and I hope I can help with the new club.

Kind regards,

Sam Smith

관계자에게,

제 이름은 샘 스미스이고, 808호 아파트에서 살고 있습니다. 저는 새로운 영화 클럽에 대해 듣게 되어 기쁩니다! 사실, 저는 가능하다면 새로운 클럽을 위한 몇 가지 행사를 조직하는 데 참여하고 싶습니다. 저는 행사 관리에 대한 경험이 있어서 공유하고 싶은 아이디어들을 많이 가지고 있습니다!

또한, 저는 귀하가 대답해주셨으면 하는 질문이 몇 가지 있습니다. 먼저, 회비는 얼마인가요? 그리고 이것이 월말에 자동으로 임대료에 추가되는 건가요? 제가 행사를 구성하는 것을 도우면, 그래도 돈을 지불해야 될까요?

두 번째로, 이미 정규 영화 상영을 위한 날짜와 시간이 정해져 있나요? 아파트 주민들의 일정이 각각 달라서, 모두에게 적절한 시간을 찾는 게 어려울지도 모릅니다. 미리 주민들의 선호도를 알아보기 위해 조사를 하는 게 좋을 것 같습니다.

귀하의 도움에 감사드립니다. 빠른 답장을 기다리고 있겠습니다. 그리고 제가 새로운 클럽에 도움이 되기를 바랍니다.

샘 스미스 드림

Question 07

From:	Green Charity
To:	Our members
Subject:	Volunteer for children in need
Sent:	May 19, 2:11 P.M.

Our charity is looking for volunteers to teach children in need. We would like applicants who can teach art, music, and science. If you are interested, please send us a copy of your résumé. Please feel free to let us know if you have any questions and ideas.

Directions: Respond to the e-mail. In your e-mail, give TWO pieces of information and make ONE suggestion or ask ONE question.

발신: 그린 자선단체
수신: 우리 회원
제목: 어려움에 처한 어린이들을 위한 자원봉사자
발송: 5월 19일, 오후 2시 11분

저희 자선단체는 어려움에 처한 아이들을 가르칠 자원봉사자들을 찾고 있습니다. 우리는 미술, 음악, 과학을 지도할 수 있는 지원자들을 원합니다. 관심이 있으시다면, 이력서를 보내주세요. 질문과 아이디어가 있으시다면 언제든지 저희에게 알려주세요.

지시사항: 이메일에 답장하시오. 당신의 이메일에서 2개의 정보와 1개의 제안을 하거나 1개의 질문을 하시오.

Dear Green Charity representative,

Thank you for your e-mail. I am very interested in applying to be a volunteer with your charity. Please find a copy of my résumé attached for your perusal.

I am currently in graduate school studying to be an art therapist. I am passionate about using art to help others, and I would love the opportunity to be a part of your charity.

I also already teach an art class part time to children aged 5-12, so I am familiar with keeping children engaged in the classroom.

In my experience as both an art student and teacher, I have lots of creative ideas I'd love to share with you if possible. Do you have a convenient time to discuss this matter over the phone this week? It would be great to hear what you have already tried as well as your thoughts on some of my ideas!

I look forward to hearing from you.

Kind regards,

Sophie Jones

그린 자선단체 담당자 분께,

이메일을 보내주셔서 감사합니다. 저는 귀 자선단체의 자원봉사자 신청에 매우 관심이 있습니다. 검토를 받기 위해 제 이력서를 첨부했습니다.

저는 현재 미술 치료사가 되기 위해 대학원에서 공부하고 있습니다. 저는 다른 사람들을 돕기 위해 미술을 활용하는 일에 열정을 가지고 있고, 귀 자선단체의 일원이 되길 원합니다.

저는 이미 5-12세 어린이들을 대상으로 미술 수업을 아르바이트로 가르치고 있어서, 아이들이 교실에서 계속 참여할 수 있도록 하는 것에도 익숙합니다.

미술학과 학생이자 선생님이라는 저의 경험을 통해서, 가능하다면 귀 단체와 공유하고 싶은 창의적인 아이디어들을 많이 가지고 있습니다. 이번 주에 전화로 이 문제에 대해 얘기할 편한 시간이 있으신가요? 귀 단체가 이미 시도해본 것과 제 아이디어에 대한 귀 단체의 생각을 들을 수 있다면 좋을 것 같습니다!

답장 기다리겠습니다.

소피 존스 드림

Question 08

Give your opinion on which is more effective, e-books or books when students study.

학생들이 공부할 때 전자책과 책 중 어느 것이 더 효과적인지에 대해서 의견을 제시하시오.

Answer A

Our lives are becoming increasingly digitalized. There are many advantages of this digitalization for students. One example is the convenience of using e-books to study. However, we should question the cost of this convenience. I believe books are more effective for studying because the overall experience of using a physical book is more engaging, and this leads to enhanced learning.

First of all, the overall experience of using a physical book is more engaging than using an e-book. For example, some people prefer the smell and the feel of the pages, which triggers our senses. This offers a unique experience that e-books cannot replicate. In addition, sometimes reading e-books can cause negative physical effects. Some people experience eye strain from staring at a screen, for example. The artificial lighting from a screen can also affect people's ability to sleep well at night. Thus, students may find studying from an e-book a less comfortable experience.

Furthermore, using a physical book leads to enhanced learning. When students are engaged, it is easier to concentrate on reading. In addition, when students' senses are triggered, they are more likely to remember the information they are reading. Some people also believe that putting pen to paper is more effective for memory formation; therefore, highlighting and annotating text in a physical book versus an e-book could have a greater impact when studying. Consequently, students may achieve higher grades when using a traditional book.

Despite the convenience that e-books can offer students, there are many negative side effects potentially outweighing the benefit of this convenience. First, the overall experience of reading a physical book tends to be more engaging than an e-book. This then leads to an enhanced learning experience that enables students to concentrate better and to recall the information they are reading more easily. Therefore, I strongly believe that traditional books are more effective than e-books for studying.

우리의 삶은 점점 더 디지털화 되어가고 있다. 이러한 디지털화는 학생들에게 많은 장점이 있다. 한 가지 예는 공부하기 위해 전자책을 사용하는 것의 편리성이다. 하지만, 우리는 이 편리성에 대한 비용에 대해 질문해봐야 한다. 나는 실제 책을 사용하는 전반적인 경험이 더 매력적이고, 이것이 학습을 향상시키기 때문에 책이 공부에 더 효과적이라고 생각한다.

우선, 실제 책을 사용하는 전반적인 경험은 전자책을 사용하는 것보다 더 매력적이다. 예를 들어, 어떤 사람들은 우리의 감각을 자극하는 종이의 냄새와 느낌을 선호한다. 이는 전자책이 따라할 수 없는 특별한 경험을 제공한다. 게다가, 때때로 전자책을 읽는 것은 부정적인 신체적 영향을 초래할 수 있다. 예를 들어, 어떤 사람들은 화면을 응시함으로써 눈의 피로를 경험한다. 화면에서 나오는 인공 조명은 밤의 수면 능력에도 영향을 미칠 수 있다. 따라서 학생들은 전자책으로 공부하는 것이 덜 편한 경험이라고 생각할 수도 있다.

게다가, 실제 책을 사용하는 것은 학습을 향상시킨다. 학생들이 몰입할 때, 독서에 집중하는 것이 더 쉽다. 게다가, 학생들의 감각이 작동되면, 그들이 읽고 있는 정보를 더 잘 기억하기 쉽다. 일부 사람들은 펜으로 종이에 쓰는 것 또한 기억 형성에 더 효과적이라고 믿기 때문에 전자책과 비교해서 실제 책의 본문에 강조 표시를 하거나 주석을 달면서 공부할 때 더 큰 영향을 미칠 수 있다. 결과적으로, 학생들은 전통적인 책을 사용할 때 더 높은 점수를 얻을 수 있다.

학생들에게 제공할 수 있는 전자책의 편리함에도 불구하고, 이 편리함의 이점을 잠재적으로 능가하는 더 많은 부정적인 부작용이 있다. 첫째로, 실제 책을 읽는 전반적인 경험은 전자책보다 더 몰입하게 하는 경향이 있다. 이것은 학생들이 더 잘 집중하고 읽고 있는 정보를 더 쉽게 기억할 수 있도록 하는 향상된 학습 경험으로 이어진다. 따라서, 나는 전통적인 책이 전자책보다 공부에 더 효과적이라고 강하게 믿고 있다.

Answer B

When e-books were first introduced, many people thought they would replace books. However, old habits die hard, and today, many people still opt to use traditional books. There are advantages and disadvantages to using both; however, I believe e-books are more effective for studying because they increase the amount of information a student can access simultaneously, and they are more durable than physical books.

First and foremost, the invention of e-books has allowed students to have an infinite amount of information at their fingertips. It allows them to transcend the rules of physics to carry multiple heavy textbooks to all their classes through one electronic device. This is also cost-effective because students can often find digital copies online for cheaper prices or share digital versions of their books more easily with their friends for free. This is particularly important for students, who are often on a budget. Overall, digitalizing books has widened the amount of information available to students.

Secondly, e-books are more durable than physical books. Books are destructible and may easily be lost. For example, a physical book could be mistakenly left behind, or it could be stolen. It could easily be damaged by bad weather or a fire. Its quality may also diminish over time. In all of these instances, once lost, the student must buy a replacement. An e-book, on the other hand, is permanently available in its digital form.

In conclusion, although books continue to exist in their material form, I believe e-books are the better choice for students. They allow students to have access to a vast quantity of information that they can easily carry around with them wherever they go. In addition, e-books last longer than physical books and are at less risk of loss or theft. Consequently, they are also often more cost effective for students. As such, I believe e-books are more effective for studying.

전자책이 처음 소개되었을 때, 많은 사람들은 전자책이 책을 대체할 것이라고 생각했다. 하지만, 오래된 습관은 쉽게 사라지지 않았고, 오늘날에도 많은 사람들은 여전히 전통적인 책을 선택하고 있다. 두 가지 모두 장단점이 있지만, 전자책은 학생이 동시에 접근할 수 있는 정보의 양을 늘리고, 실제 책보다 내구성이 더 뛰어나 학습에 더 효과적이라고 생각한다.

첫째로, 전자책의 발명은 학생들이 무한한 양의 정보를 손끝에 가질 수 있게 만들었다. 그것은 그들이 하나의 전자 장치를 통해 여러 권의 무거운 교과서들을 모든 수업에 가지고 다니는 물리적인 법칙을 초월할 수 있게 해준다. 이것은 또한 비용 효율적이다. 왜냐하면 학생들은 종종 더 싼 가격으로 온라인에서 디지털 복사본을 찾거나 그들의 책의 디지털 버전을 친구들과 무료로 더 쉽게 공유할 수 있기 때문이다. 이것은 종종 예산이 한정된 학생들에게 특히 중요하다. 전반적으로, 책을 디지털화하는 것은 학생들이 이용할 수 있는 정보의 양을 넓혔다.

둘째로, 전자책은 실제 책보다 내구성이 더 좋다. 책은 손상될 수 있고 쉽게 분실될 수 있다. 예를 들어, 실제 책은 실수로 두고 갈 수도 있고, 도난당할 수도 있다. 그것은 악천후나 화재에 의해 쉽게 손상될 수도 있다. 그것의 질 또한 시간이 지남에 따라 떨어질 수 있다. 이러한 모든 경우에, 일단 잃어버리면 학생들은 대체물을 사야 한다. 반면에, 전자책은 디지털 형태로 영구적으로 이용 가능하다.

결론적으로, 비록 책은 자료 형태로 계속 존재하지만, 나는 전자책이 학생들에게 더 나은 선택이라고 생각한다. 그것들은 학생들이 어디를 가든지 쉽게 가지고 다닐 수 있는 방대한 양의 정보에 쉽게 접근할 수 있도록 한다. 게다가 전자책은 실제 책보다 더 오래 지속되며, 분실이나 도난의 위험은 더 적다. 결과적으로, 그것들은 종종 학생들에게 더 비용 효율적이다. 그래서 나는 전자책이 공부하기에 더 효과적이라고 생각한다.

PART 1 Actual Test 3

Question 01

park / bench

- There are some benches in the park.
- One bench is under one of the trees in the park.
- There are benches in the park, but no one is sitting on them.

공원에 벤치가 몇 개 있다.

벤치 하나가 공원에 있는 나무들 중 한 나무의 아래에 있다.

공원에 벤치가 있으나, 아무도 앉아 있지 않다.

Question 02

port / ship

- There are many ships in the port.
- Ships are anchored in the port.
- Two ships are waiting in the port for their next scheduled trips.

정박 중인 많은 배들이 있다.

배들이 항구에 정박해 있다.

두 척의 배가 다음 여행 일정을 위해 정박하여 기다리고 있다.

Question 03

go / so that

- They are going upstairs so that they can attend a meeting.
- They are going to a meeting in suits so that they can make a good impression.
- They are going upstairs so that they can start working after lunch.

그들은 회의에 참석하기 위해 위층으로 올라가고 있다.

그들은 좋은 인상을 주기 위해 정장을 입고 회의에 가고 있다.

그들은 점심 후에 일을 시작하기 위해 윗층에 가고 있다.

Question 04

woman / sweep

- The woman is sweeping the floor.
- The woman with a hat is sweeping the floor.
- The woman is holding the broom with two hands to sweep the leaves away.

여자가 바닥을 쓸고 있다.

모자를 쓴 여자가 바닥을 쓸고 있다.

여자가 나뭇잎을 쓸어내기 위해 두 손으로 빗자루를 잡고 있다.

Question 05

as / show

- A man is using the laptop as he wants to show an interesting program to the woman.
- The woman is smiling as the man is showing her a funny video.
- The couple are skyping with their family as they want to show them their new home.

한 남자가 여자에게 재미있는 프로그램을 보여주고 싶어 노트북을 사용하고 있다.

남자가 여자에게 재미있는 비디오를 보여주고 있기 때문에 여자가 웃고 있다.

부부가 자신들의 새 집을 보여주고 싶어서 스카이프로 가족들과 영상 통화를 하고 있다.

Question 06

From:	PURI Electronic
To:	Recent customers
Subject: Service feedback	
Sent:	July 5, 4:32 P.M.

Thank you for purchasing one of our electronic devices. If you leave a comment after using the device, you will be entered into a prize draw, and one lucky winner will receive a gift. Please inform us of any inconveniences you have experienced while using the device and give your suggestions on how we can improve it.

All feedback is appreciated.

Directions: Respond to the e-mail. In your e-mail, give TWO pieces of information and make ONE suggestion.

발신: 퓨리 일렉트로닉
수신: 최근 고객들
제목: 서비스 피드백
발송: 7월 5일, 오후 4시 32분

저희 전자기기를 구입해주셔서 감사합니다. 기기를 사용하신 후 의견을 남겨주시면 경품 추첨에 참여하시게 되며, 행운의 당첨자 1명은 선물을 받습니다. 기기 사용 중에 불편한 점을 경험하셨다면 알려주시고, 개선사항도 건의해주시기 바랍니다.

모든 피드백에 감사드립니다.

지시사항: 이메일에 답장하시오. 당신의 이메일에서 2개의 정보와 1개의 제안을 제시하시오.

Dear PURI Electronic representative,

Thank you for your e-mail. It is my pleasure to leave some feedback and to be entered into the prize draw.

I recently purchased one of your high-powered blenders. I am very satisfied with the quality of the smoothies I have made so far. I think it was a worthwhile purchase.

However, the noise while the blender is working is a little off-putting. I am concerned that I may disturb my neighbors, so I am restricted with regard to the times I can use it.

Is it possible to modify the design so that the next model is less noisy? I believe this will be beneficial to both your company and customers!

I look forward to hearing the results of the prize draw!

Kind regards,

Jack Boyd

퓨리 일렉트로닉 담당자 분께,

이메일에 대해 감사드립니다. 피드백을 남기고 경품 추첨에 참여하게 되어 기쁩니다.

저는 최근에 귀사의 고성능 믹서기를 구매했습니다. 지금까지 제가 만든 스무디의 품질에 매우 만족합니다. 저는 가치 있는 구매였다고 생각합니다.

하지만, 믹서기가 작동하는 동안 발생하는 소음이 조금 불쾌합니다. 이웃들에게 방해가 될까봐 걱정이 돼서 이용 시간을 제한하고 있습니다.

다음 모델은 소음이 덜 나도록 설계를 수정할 수 있을까요? 저는 이것이 귀사와 귀사의 고객 모두에게 유익할 것이라고 생각합니다!

경품 추첨 결과를 듣기를 기대하고 있겠습니다!

잭 보이드 드림

From:	Ally Lee
To:	Red City Tours
Subject: City sightseeing	
Sent:	October 5, 9:30 A.M.

After my business trip in Paris, I'm planning to go on a private tour for about a week. I heard your company is a famous travel agency. Can you recommend a suitable package for me? I want to visit all the famous tourist attractions.

Directions: Respond to the e-mail as if you work for a tour company. In your e-mail, give TWO pieces of information and ask ONE question.

발신: 앨리 리
수신: 레드 시티 투어
제목: 도시 관광
발송: 10월 5일, 오전 9시 30분

파리 출장이 끝나면 일주일 동안 개인 투어를 갈 예정입니다. 저는 귀사가 유명한 여행사라고 들었습니다. 저에게 적당한 패키지 여행을 추천해 주시겠어요? 저는 모든 유명 관광지를 방문하고 싶습니다.

지시사항: 당신이 여행사에서 일한다고 가정하고 이메일에 답장하시오. 당신의 이메일에서 2개의 정보를 주고 1개의 질문을 하시오.

Dear Ally,

Thank you for your e-mail. I am delighted to assist you with a booking.

You heard correctly! Red City Tours has proudly been helping tourists go on their trips of a lifetime in capitals all over Europe since 1989.

It sounds like you might be interested in our Classic Paris Tour package for €599. This includes entry to the major tourist attractions—the Eiffel Tower, the Louvre Museum, Notre-Dame, Sacre-Coeur, the Musée d'Orsay, and an optional boat ride on the Seine River—four nights' accommodations in a private room, and transportation between sites. However, we also provide custom packages for private individuals and groups should you wish to opt for a longer trip and add specific attractions to the itinerary. If this is an option you are interested in, please give us a call to discuss the matter in more detail.

In order to make a booking, all customers must complete a health questionnaire. Do you have any medical conditions or allergies that we should be aware of?

If you have any further questions, don't hesitate to ask via e-mail or over the phone at 0800-123-456 (or +33-330-123-456 when calling from abroad).

Kind regards,

Heather

앨리 씨에게,

이메일에 대해 감사드립니다. 귀하의 예약에 도움을 드리게 되어 기쁩니다.

제대로 들으셨습니다! 레드 시티 투어는 자부심을 가지고 1989년부터 유럽 전역의 수도에서 관광객들이 '일생에 단 한 번뿐인 여행'을 하도록 돕고 있습니다.

귀하는 저희의 599유로 '클래식 파리 투어' 패키지에 관심이 있으실 것 같네요. 여기에는 주요 관광지(에펠탑, 루브르 박물관, 노트르담 성당, 사크레쾨르 성당, 오르세 미술관, 센 강 보트 타기 옵션) 입장과 개인실 4박 숙박권 및 장소 간 교통편이 포함됩니다. 그러나 더 긴 여행이나 여행 일정에 특정 관광지를 추가하길 원하신다면 저희는 개인 및 단체를 위한 맞춤형 패키지도 제공해 드립니다. 이 옵션에 관심이 있으시면 더 자세한 상담을 위해 전화 주시기 바랍니다.

예약하려면 모든 고객들은 건강 설문지를 제출해야 합니다. 저희가 알아야 하는 질병이나 알레르기가 있으신가요?

추가 질문이 있으시면 주저하지 마시고 이메일이나 0800-123-456(해외에서 전화한다면 +33-330-123-456)번으로 문의하시기 바랍니다.

헤더 드림

Question 08

Do you agree with the opinion that large companies should invest in regional economic development?

대기업이 지역 경제 발전에 투자해야 한다는 의견에 동의하는가?

It is common for large companies to invest in regional economic development. Some, however, subscribe to Milton Friedman's business philosophy: a company's main responsibility is to maximize its profits. I believe that large companies should invest in regional economic development. Not only do large companies have a moral obligation to do so, but the profit margins that Friedman emphasizes are inextricably linked to this investment.

First of all, in my opinion, large companies have a moral obligation to give back to society. Large companies do not develop in a vacuum. They exist only because of societal help from the education that the CEO received to the seed capital and the resources to begin their enterprise to the health care provided to sick employees. In turn, successful companies have an obligation to repay their societal debt in the form of regional economic investment.

Apart from a moral obligation, it is a financially sensible strategy. As mentioned, a company does not develop in a vacuum, and thus its profit margins are inextricably linked to the economy. By investing in regional economic development, you are indirectly investing in your own company's long-term survival. Investing in education and training opportunities for the local community, for example, ensures that your needs for a healthy and skilled workforce are met in the future. Likewise, it is important to invest in the local environment and sustainable options so that you continue to have resources to draw from. Furthermore, in the current era, principles of corporate social responsibility are a bare minimum for brand image. Customers today tend to be more eco-conscious with their product choices. The market can be unforgiving for companies that do not act in sustainable and ethical ways.

In conclusion, many large companies invest in regional economic development. Firstly, it is a way of repaying the debt that a company owes to society for its own existence; and secondly, a company's investment boomerangs back to the company in the form of a positive feedback loop that is interconnected with the local economy. Therefore, I agree that large companies should invest in regional economic development.

대기업들이 지역 경제 발전에 투자하는 것은 일반적인 일이다. 하지만, 어떤 사람들은 회사의 주된 책임은 이윤을 극대화하는 것이라는 밀턴 프리드먼의 사업 철학에 동의한다. 나는 대기업이 지역 경제 발전에 투자해야 한다고 생각한다. 대기업들은 그렇게 해야 할 도덕적 의무가 있을 뿐만 아니라, 프리드먼이 강조하는 이윤은 이러한 투자와 불가분의 관계에 있다.

우선, 내 생각에, 대기업은 사회에 환원해야 할 도덕적 의무가 있다. 대기업은 외부와 단절된 상태로는 발전하지 못한다. 그들은 오직 CEO가 받은 교육에서부터 사업을 시작하기 위한 초기 자본과 자원, 병든 직원들에게 제공되는 의료 서비스까지 사회적 도움 때문에 존재한다. 따라서 성공한 기업은 사회에 진 빚을 지역 경제 투자 형태로 갚아야 할 의무가 있다.

도덕적 의무와는 별개로, 그것은 재정적으로 합리적인 전략이다. 언급했듯이, 기업은 외부와 단절된 상태에서는 발전하지 못하기 때문에, 기업 이윤은 경제와 불가분하게 연결되어 있다. 지역 경제 발전에 투자함으로써, 자신의 회사의 장기적인 생존에 간접적으로 투자하고 있는 것이다. 예를 들어, 지역 사회를 위한 교육 및 훈련 기회에 투자함으로써 건강하고 숙련된 인력에 대한 필요가 미래에 충족될 수 있다. 마찬가지로, 지역 환경과 지속 가능한 선택사항들에 투자하여 계속적으로 얻을 수 있는 자원을 확보하는 것이 중요하다. 게다가, 현 시대에, 기업의 사회적 책임 원칙은 브랜드 이미지에 있어서 가장 기본적인 것이다. 요즘 고객들은 제품 선택에 있어서 환경 의식이 더 강한 경향이 있다. 시장은 지속 가능하고 윤리적인 방식으로 행동하지 않는 기업들을 용서하지 않을 것이다.

결론적으로, 많은 대기업들이 지역 경제 발전에 투자하고 있다. 첫째로, 이것은 기업이 자신의 존재를 위해 사회에 진 빚을 갚는 방식이고, 둘째로, 기업의 투자는 지역 경제와 상호 연결된 긍정적인 피드백 순환 형태로 기업에 다시 부메랑을 주는 방식이다. 따라서, 대기업은 지역 경제 발전에 투자해야 한다는 데 동의한다.

PART 1 Actual Test 4

Question 01

woman / as

- A woman is giving a presentation as it's her turn to speak.
- A woman is explaining some topics as a speaker.
- Many students are listening to the woman as she is speaking.

한 여자가 자신의 차례이기 때문에 프레젠테이션을 하고 있는 중이다.

한 여자가 발표자로서 몇 가지 주제를 설명하고 있는 중이다.

여자가 연설하고 있기 때문에 많은 학생들이 그녀에게 귀 기울여 듣고 있는 중이다.

Question 02

man / take

- A man is taking a walk with his wife and dog.
- A man is taking the dog to his mother's house with his girlfriend.
- A man and a woman are taking a walk to let their dog get some exercise.

한 남자가 그의 아내와 강아지와 함께 산책하고 있는 중이다.

한 남자가 여자친구와 함께 개를 그의 엄마 집에 데려다주고 있는 중이다.

한 남자와 한 여자가 그들의 강아지를 운동시키기 위해 산책하고 있는 중이다.

Question 03

use / in

- The woman is using the laptop to check her schedule in the office.
- The woman is using the phone in the office to talk to her friend.
- The woman using the laptop in the office is a secretary.

여자가 사무실에서 자신의 일정을 확인하기 위해 노트북을 사용하고 있는 중이다.

여자가 친구와 얘기하기 위해 사무실에서 전화를 사용하고 있는 중이다.

사무실에서 노트북을 사용하고 있는 여자는 비서이다.

Question 04

how / teach

- The senior citizen is teaching his grandson how to ride a bike.
- The man is holding the bike because he is teaching his grandson how to balance on it.
- The man is teaching the boy how to ride a bike.

노인이 그의 손자에게 자전거를 타는 방법을 가르쳐 주고 있는 중이다.

남자가 손자에게 자전거의 균형을 맞추는 방법을 가르쳐 주고 있기 때문에 자전거를 잡고 있다.

남자가 소년에게 자전거를 타는 방법을 가르쳐 주고 있는 중이다.

Question 05

fix / for

- A man is fixing a machine for a customer.
- A man is fixing the wheel for safety reasons.
- A man is using the tool for fixing the wheel of the car.

한 남자가 손님을 위해 기계를 수리하고 있는 중이다.

한 남자가 안전 이유 때문에 바퀴를 수리하고 있는 중이다.

한 남자가 자동차 바퀴를 고치기 위해서 도구를 사용하고 있는 중이다.

Question 06

From:	James, Sales Department
To:	All staff members
Subject:	Retirement of the CEO
Sent:	April 19, 1:30 P.M.

We are planning to hold the CEO's retirement ceremony next month. He has worked for this company for 30 years. We're having a party to celebrate his contributions. I know some of you helped plan a similar party last year. I would appreciate it if you could give me some good ideas or suggestions.

Directions: Respond to the e-mail. In your e-mail, give TWO suggestions and ONE piece of information.

발산: 제임스, 영업부
수산: 모든 직원들
제목: CEO의 퇴임
발송: 4월 19일, 오후 1시 30분

우리는 다음달에 CEO를 위한 퇴임식을 열 계획입니다. 그는 이 회사에서 30년간 일했습니다. 우리는 그의 공헌을 기념하는 파티를 열려고 합니다. 저는 여러분 중 몇 분이 작년에 비슷한 파티를 계획하는 데 도움을 준 것으로 알고 있습니다. 좋은 아이디어나 제안을 해주시면 감사하겠습니다.

지시사항: 이메일에 답장하시오. 당신의 이메일에서 2개의 제안과 1개의 정보를 제시하시오.

Dear James,

Thank you for the e-mail. Of course, I'd love to help!

First, as it's a special retirement, I think it's important to commemorate the CEO's service with some speeches. It would be best to start asking some people now, ahead of time, who would like to say a few words.

Second, in addition to a gift, we should create a way for all the guests to leave personalized messages. How about making a poster that everyone can write on while they are at the party? I'd be happy to organize that and to be in charge of encouraging people to sign it.

I also heard the CEO is planning a round-the-world trip to celebrate his retirement. I think this should be the theme of the party and that all the decorations should be travel-related somehow.

Let's meet up in person this week to brainstorm some more ideas. Shoot me a message when you're free, and we can schedule a meeting.

Best regards,

Sean

제임스 씨에게,

이메일에 감사드립니다. 물론이죠, 저도 돕고 싶습니다!

첫째로, 특별한 퇴임식이기 때문에 몇 개의 연설로 CEO의 수고를 기념하는 것이 중요합니다. 몇 마디 할 준비가 되어 있는 사람들에게 지금부터 미리 요청을 시작하는 게 가장 좋겠습니다.

둘째로, 선물 외에도 모든 손님들이 개인적인 메시지를 남길 수 있는 방법을 만들었으면 합니다. 파티를 하는 동안 모든 사람들이 글을 쓸 수 있는 포스터를 만드는 게 어떨까요? 제가 기쁜 마음으로 그것을 준비하고 사람들이 작성할 수 있도록 권하는 일을 맡겠습니다.

또한, 저는 CEO께서 은퇴를 자축하기 위해 세계 일주 여행을 계획하고 있다고 들었습니다. 제 생각에 이것을 파티의 주제로 삼아 모든 장식물들을 어떻게든 여행과 관련되게 만들면 좋을 것 같습니다.

이번주에 직접 만나서 몇 가지 아이디어를 더 생각해보죠. 시간 날 때 메시지 보내주시면, 회의를 위한 일정을 잡을 수 있습니다.

숀 드림

From:	Adrian, HR Department
To:	All employees
Subject:	Summer vacation schedule
Sent:	May 1, 10:11 A.M.

I'm arranging my summer vacation schedule. Please let me know the dates of your expected summer vacations as soon as possible. I understand that the peak time for each department is different. Please apply for your vacation with consideration of your department's situation.

Directions: Respond to the e-mail. In your e-mail, give TWO pieces of information and ask ONE question.

발신: 아드리안, 인사과
수신: 모든 직원
제목: 여름 휴가 일정
발송: 5월 1일 오전 10시 11분

저는 여름 휴가 일정을 정리하고 있습니다. 예상되는 여러분의 여름 휴가 날짜를 가능한 빨리 저에게 알려주세요. 각 부서의 가장 바쁜 시기가 다르다는 것을 알고 있습니다. 여러분의 부서 상황을 고려해서 휴가를 신청해주세요.

지시사항: 이메일에 답장하시오. 당신의 이메일에서 2개의 정보와 1개의 질문을 제시하시오.

Dear Adrian,

Thank you for your e-mail. I cannot believe it is that time of year again!

As you know, our department is the busiest during the beginning of fall, so most of the staff will be taking their vacation around the beginning of the summer period. Although I have yet to book any flights, we have an internal rota, and my confirmed vacation dates are July 6 to 10. Do you still need me to send you an official vacation request form?

Kind regards,

Jane

아드리안 씨께,

이메일을 보내주셔서 감사합니다. 이 시기가 다시 돌아왔다는 게 믿기지가 않네요!

아시다시피, 저희 부서는 가을 초부터 가장 바빠서 대부분의 직원들은 여름철이 시작될 무렵에 휴가를 쓸 겁니다. 저는 아직 항공편을 예약하지는 않았지만, 내부 근무 당번표가 있어서 확정된 휴가 날짜는 7월 6일부터 10일까지입니다. 그래도 공식 휴가 신청서를 보내드려야 할까요?

제인 드림

Question 08

How can you resolve conflicts within your organization as a leader?

당신이 리더로서 조직 내 갈등을 어떻게 해결할 수 있겠는가?

Conflict can occur in the workplace for a variety of reasons. A misunderstanding may lead to a supervisor's demands not being met. A new employee may be disappointed when the working environment is not what had been expected. There may be competition over resources, which can lead to bad feelings between colleagues.

All organizations will encounter some form of conflict at some point; however, the best leaders are able to prevent conflict causing irrevocable harm to their organization by first strategizing to prevent conflict from occurring in the first place and by second having strategies for mitigation in place for when conflicts inevitably do arise.

First, organizations should focus on ways to prevent conflict from taking place. Two effective ways to do this are by setting boundaries and by having transparency within the workplace. Boundaries reinforce acceptable behavior and can act as motivators for employees who need guidance to be at their most productive, thereby reducing the likelihood of conflict. In addition, transparency regarding career progression and disciplinary procedures, for example, avoids potential jealousy and resentment among staff members by easing suspicions of favoritism or discrimination. Thus, in combination, boundaries and transparency ensure fairness and openness in the workplace, which are key to preventing conflict.

However, conflict at some point is unavoidable, and an effective leader will have strategies in place to deal with it constructively. A useful tip is to remain detached from the problem. When conflicts become personal, they can trigger individual sensitivities, thereby becoming emotionally charged and more difficult to tackle. For example, if there are problems with product output, by focusing on the person, you may be inclined to dwell on that individual's idleness, but by focusing on the problem instead, you may find there are in fact alterations that can be made within the production process for a positive resolution to the conflict. If you had focused on the former, you may have risked losing an otherwise valuable member of the staff. It is also easier to mediate conflict without

갈등은 다양한 이유로 직장에서 일어날 수 있다. 오해로 인해 상사의 요구가 받아들여지지 않을 수도 있다. 신입 사원은 근무 환경이 예상했던 것과 다를 때 실망할 수 있다. 자원을 둘러싼 경쟁이 있을 수 있으며, 이것은 동료들 사이에 나쁜 감정을 초래할 수 있다.

모든 조직은 어느 시점이 되면 어떤 형태의 갈등을 마주하게 된다. 그러나 최고의 리더들은 처음부터 갈등이 발생하지 않도록 전략을 먼저 세우고, 그 다음 갈등이 불가피하게 일어날 때에는 완화하는 전략을 세움으로써 갈등이 조직에 치명적인 피해를 입히는 것을 방지할 수 있다.

먼저, 조직은 갈등이 발생하지 않도록 예방하는 방법에 집중해야 한다. 이를 위한 두 가지 효과적인 방법은 직장 내에서 범위를 설정하고 투명성을 확보하는 것이다. 범위는 허용 가능한 행동을 강화하며 지침이 필요한 직원들을 가장 생산적이 되도록 동기를 부여하는 역할을 할 수 있어 갈등의 가능성이 감소한다. 또한, 경력 발전과 징계 절차에 관한 투명성은 특히나 차별 의혹을 완화해 직원들 사이에 잠재적인 질투와 원성을 피하게 만든다. 따라서, 범위와 투명성이 결합되어, 갈등을 예방하는 열쇠인 직장에서의 공정성과 개방성을 보장한다.

그러나 어느 순간의 갈등은 피할 수 없으며, 효과적인 리더는 이를 건설적으로 다룰 수 있는 전략을 수립할 것이다. 유용한 팁은 문제로부터 분리된 상태를 유지하는 것이다. 갈등이 개인적인 것이 될 때 그들은 개인적인 감정을 유발할 수 있고, 따라서 감정적으로 격앙되어 더 다루기 어려워진다. 예를 들어, 제품 생산에 문제가 있는 경우 사람에게 초점을 맞추어 그 개인의 게으름을 곱씹게 되기 쉬운데, 대신 그 문제에 초점을 맞추면, 갈등에 대한 긍정적인 해결책으로 생산 과정 내에서 이루어질 수 있는 변경 사항이 있다는 것을 발견할 수 있다. 만약 당신이 전자에 집중했다면, 그렇지 않았다면 귀중한 직원을 잃을 위험이 따를지도 모른다. 또한 갈등에 개인적인 감정을 쏟지 않고 중재하는 것이 더 쉬우며, 문제로부터 멀리 떨어져 있으면 더 효과적으로 귀를 기울일 수 있다.

having your personal feelings invested in the conflict, and by staying detached from the problem, you are more likely to listen more effectively.

To summarize, conflict in the workplace is inevitable. However, an organization can mitigate the effects of conflict by first taking necessary steps to prevent it and by then taking sensible measures to resolve the conflict that has occurred. As a leader, your organization depends on your ability to handle conflict well. The time invested in doing this effectively is necessary for the longevity and well-being of your organization.

요약하자면, 직장에서의 갈등은 불가피하다. 그러나 조직은 먼저 갈등을 방지하기 위해 필요한 조치를 취한 다음, 발생한 갈등을 해결하기 위한 적절한 조치를 취함으로써 갈등의 영향을 완화할 수 있다. 조직은 갈등을 잘 처리하는 리더로서 당신의 능력에 달려 있다. 이를 효과적으로 수행하기 위해 투자된 시간은 조직의 장기적인 지속 및 복지를 위해서 필수적이다.